Kirsten Hoffmann/Veronika von Lilienfeld-Toal
Kerstin Metz/Katja Kordelle-Elfner

STOPP –

Kinder gehen gewaltfrei mit Konflikten um

Mit Kopiervorlagen

Persen Verlag GmbH

Gedruckt auf umweltbewusst gefertigtem, chlorfrei gebleichtem
und alterungsbeständigem Papier.

6. Auflage 2007
Nach den seit 2006 amtlich gültigen Regelungen der Rechtschreibung.

Illustrationen: Ingrid Hecht
Satz: media.design, Neumünster

ISBN 978-3-8344-**3849**-2

www.persen.de

Inhaltsverzeichnis

Hinweise:

1. Aus Gründen der Übersichtlichkeit und besseren Lesbarkeit werden vorwiegend die Begriffe „Lehrer“ und „Schüler“ verwendet. Selbstverständlich sind auch die **Lehrerinnen** und **Schülerinnen** angesprochen.
2. Unter dem Begriff „Vorgehen“ ist ein **Vorschlag** für die didaktisch-methodische Gestaltung zu verstehen.
3. Die Trennung zwischen den Klassenstufen 1/2 und 3/4 erleichtert die bessere Orientierung im Konzept, ist aber nur als **Empfehlung** zu betrachten.

Statt eines Vorwortes: Unser Team

Dieses gewaltpräventive Konzept wäre nicht so, wie es ist, wenn nicht ein ganzes Team daran gearbeitet hätte.
Von der ersten Idee bis zum fertigen Konzept war es ein langer Weg, auf dem viele Schritte zu bewältigen waren:

- Ideen entwickeln, diskutieren und konkretisieren,
- Bausteine entwerfen und wieder verwerfen,
- Material beschaffen und herstellen,
- das Projekt organisieren und mit allen Kolleg/innen umsetzen
- und immer wieder überprüfen, ob wir auf dem richtigen Weg sind.

Ein kleines Team, bestehend aus fünf Kolleg/innen, gestaltete das Konzept mit uns gemeinsam. Alle haben nicht nur mit uns diskutiert, organisiert und überprüft, sondern leisteten darüber hinaus mit ihrem Know-how vielfältige Beiträge.

An dem Konzept für Klasse 1/2 wirkten drei Kolleg/innen mit:

- *Martina Bonner* entwickelte die Rollenspiele und brachte mit ihren Erfahrungen aus der Mediatoren-Fortbildung sowie ihrem sozialpädagogischen Blick das Konzept für Klasse 1/2 immer wieder auf den wesentlichen Punkt zurück.

- *Matthias Doebel* entwarf die Theaterstücke und hatte stets die passende Musik zu unseren Bausteinen parat. Seine Korrekturvorschläge waren sehr hilfreich für uns.

- *Sabine Veil* half uns mit ihren künstlerischen Fertigkeiten bei der bildnerischen Gestaltung verschiedener Bausteine und Materialien.

An dem Konzept für Klasse 3/4 wirkten zwei Kolleg/innen mit:

- *Uwe Becker* unterstützte unsere Idee von Anfang an und half uns, den Projektgedanken nie aufzugeben. Zudem dichtete er den Cool-Rap und stellte uns sein musikalisches Wissen und Können zur Verfügung. Seine Korrekturen halfen uns ebenfalls, diese Veröffentlichung fertig zu stellen.

- *Corina Rossmann* entwickelte die Rollenspiele und die „Mosaikhand". Sie unterstützte uns mit sozialpädagogischem Sachverstand sowie mit ihren musikalischen und kreativen Ideen und Fähigkeiten.

Diesem Team, sowie unseren Kolleg/innen an der Grundschule, die das Konzept mit uns umsetzten und konstruktiv kritisierten …

… vielen Dank!

Die Autorinnen

Kirsten Hoffmann, Veronika v. Lilienfeld, Kerstin Metz, Katja Kordelle-Elfner

1 Ein Konzept für alle auf dem Weg gegen Gewalt

1.1 Zielgruppen

Gewaltprävention ist ein wichtiges, aber auch sehr vielfältiges Thema. Als wir uns hinsetzten und versuchten, die für uns wesentlichen Aspekte herauszugreifen und zu konkretisieren, merkten wir schnell, wie wichtig klare Ziele für die Auswahl, Erstellung und Umsetzung didaktischer Materialien sind. Die Ziele, die unserem Projekt zugrunde liegen, entsprechen den Grundsätzen gewaltpräventiver Ansätze (Nolting 2000, S.197 ff.; Walker 1996, Tillmann 2000, S. 297 ff.) sowie unserem schulspezifischen Anliegen.
Das Ergebnis ist ein Konzept, das sehr eng mit der Entwicklung unserer Schule verbunden ist und auf ein gemeinsames Handeln im Kollegium abzielt.
Dennoch sind die einzelnen Themen des Konzeptes auch unabhängig voneinander einsetzbar, da sie klare Ziele verfolgen und ihre Bausteine abgeschlossene Einheiten darstellen, sodass auch ein einzelner Lehrer in seiner Klasse damit arbeiten kann.

Zielgruppen unserer Vorschläge zur gewaltpräventiven Arbeit sind:

1. Einzelne Kolleg/innen
Das Buch kann einzelnen Kolleg/innen helfen, für die eigene Klasse – unabhängig von einem gemeinsamen Vorgehen an der Schule – Ziele für eine gewaltpräventive Arbeit zu formulieren und dazu passende Übungen und Bausteine zu finden. Wenn man sich mit seiner Klasse allein auf den Weg macht, muss man sich überlegen, welche der verbindlichen Regeln auf Klassenebene sinnvoll und umsetzbar sind.

2. Kollegien
Hinter dem hier vorgelegten Konzept steht das Ziel, verbindliche Regeln für alle Schüler/innen und Kolleg/innen einer Schule zu entwickeln. Es kann als Anregung und Arbeitsgrundlage für Kollegien benutzt werden, die auf einem ähnlichen Weg in ihrer inneren Schulentwicklung sind und Interesse an einem einheitlichen Vorgehen haben.

1.2 Grundlagen zum Vermeiden von Gewalt

Das Konzept geht von den Problemen der Kinder im Alter zwischen 6 und 11 Jahren aus. Ob in der Schule, Zuhause, auf der Straße oder in der Freizeit: in der Lebenswirklichkeit der Kinder werden ihre Konflikte oft „unter den Teppich gekehrt", d. h. einfach übersehen. Es werden ihnen gewalttätige Konfliktlösestrategien vorgelebt und damit für legitim erklärt oder sie erleben wenig strukturierte soziale Situationen, in denen sie sich und die Wirkungen ihres Handelns erproben können.
Vielen Kindern fehlen die notwendigen kommunikativen und interaktiven Kompetenzen, sodass sie in angespannten sozialen Situationen oft überfordert sind.

Wir wollen mit diesem Konzept das Prinzip der kleinen Schritte umsetzen. Ein grundschulspezifisches Vorgehen ab der ersten Klasse bedeutet, die Kinder da abzuholen, wo sie stehen; denn ein rein kognitiver Ansatz würde viele Kinder in Klasse 1/2 überfordern.
In der Altersstufe von 6 bis 8 Jahren ist es daher besonders wichtig, die Grundlagen für kommunikative Kompetenzen zu legen: Das Erfahren und Erkennen der eigenen Gefühle und das Erproben

individueller Handlungsmöglichkeiten ist ein Schritt der Kinder zur Empathiefähigkeit.

Grundsätzlich verstehen wir unter „Gewaltprävention“ also, dass die Schüler/innen lernen, mit Konflikten im Alltag umzugehen.
Unser Ziel ist es, eine Handlungskompetenz des einzelnen Kindes aufzubauen, die den Umgang im täglichen Miteinander erleichtert und dadurch das „Wir-Gefühl“ stärkt.
Dazu zählt auch, unseren individuellen Aggressionen entgegenzuwirken, indem wir den Kindern Wege aufzeigen, den Alltag für sich angenehm zu gestalten und dabei die eigenen sowie die Gefühle anderer zu berücksichtigen. Sich wohl zu fühlen und positive Gefühle zu erleben, ist für uns ein sinnvollerer Weg als Aggressionen umlenken oder ausleben zu wollen. Letzteres führt nachweislich nicht zur Verminderung oder zum Abbau aggressiven Verhaltens (vgl. Nolting 1997, S. 214–216).
Beim Erstellen der einzelnen Bausteine haben wir daher stets versucht, folgenden Grundsatz zu verfolgen: Den Kindern sind Handlungskompetenzen zu vermitteln, mit denen sie sowohl Konflikte vermeiden wie auch in Konflikten deeskalierend reagieren können.

Dieser Grundsatz basiert auf folgenden Erkenntnissen:

1. Kinder in Konflikten stärken
Es ist nachweislich mühsam, wenn man in Konfliktfällen Täter und Opfer auseinanderhalten will. In den meisten Fällen sind die in Konflikte verwickelten Schüler/innen mal das eine und mal das andere (vgl. Holtappels 1997, S. 137 ff.; Tillmann 2000, S. 124 ff.). Es kann in der Gewaltprävention nicht darum gehen, die „Täter” härter zu bestrafen, vorzuführen, o. Ä. Unser Ansatz verfolgt das Ziel, Kindern in einem Konflikt mehr Sicherheit im Einschätzen der Situation und verschiedene Möglichkeiten des eigenen Reagierens und Handelns zu geben.

Eines ist klar: Konflikte können durch Gewaltprävention nicht aus der Welt geschaffen werden. Wir gehen davon aus, dass auch in Zukunft die Schüler/innen stets mit Konflikten in der Schule konfrontiert werden, mit denen sie umzugehen lernen müssen. Daher ist es wichtig, dass wir den Schüler/innen gezielt Umgangsmöglichkeiten mit Konfliktsituationen aufzeigen und mit ihnen einüben. Mit ihrer Hilfe haben sie dann die Möglichkeit, auf Provokationen anders zu reagieren als „zurückzuschlagen“.

2. Eskalationen vermeiden
Auf diesem Weg sollen gleichzeitig unnötige Eskalationen kleinerer Streitigkeiten vermieden werden. Gerade der ständigen, zeitlichen und nervlichen Belastung mit „kleineren“ Konflikten, die schließlich zu ausgewachsenen Problemen werden, soll durch klare Regeln im Umgang miteinander Einhalt geboten werden. Eine zunehmende Fähigkeit, mit eigenen Gefühlen konstruktiv umzugehen, sich verbal klarer ausdrücken zu können, ein Gespräch zu führen oder eine Entschuldigung überzeugend darbieten zu können, soll die Basis für ein entspannteres Miteinander bieten.

3. Kinder brauchen adäquate Konsequenzen bei einem Regelverstoß
Ein wichtiges Thema bei gewaltpräventiver Arbeit mit Kindern ist die Frage: „Aber was mache ich, wenn sich ein Kind überhaupt nicht an die vereinbarten Regeln hält?“
Dem Konzept liegt ein Verständnis von Strafe als „Bewährungsmöglichkeit“ zugrunde. Die Konsequenz soll einen direkten Bezug zum Regelverstoß darstellen, d. h. das Kind erhält die Möglichkeit, das richtige Verhalten noch einmal zu beschreiben, zu reflektieren,oder direkt zu üben. Durch die gemeinsame Regelerarbeitung und -einübung sind allen Beteiligten die Bedingungen klar, es müssen keine erneuten Diskussionen geführt werden.

1.3 Probleme, die es überall gibt

Die Kinder tragen ihre Erfahrungen und Lebensprobleme selbstverständlich mit in die Schule hinein, sodass Anlässe und Ursachen für Auseinandersetzungen sehr vielfältig sein können.

Immer wieder wurden an unserer Schule grundsätzliche Probleme im Umgang mit Regeln und Konsequenzen bei Regelverstößen diskutiert, die jede Schule nur zu gut kennt:

1. Fachlehrer/innen, die nur wenige Stunden in Klassen eingesetzt sind, fühlen sich oft machtlos und verlassen die Klassenzimmer immer öfter völlig „entnervt und schweißgebadet".
2. Gang- und Pausenaufsichten wissen sich oft nicht zu helfen, welche Verstöße sie strikt verfolgen sollten und welche nicht oder welche Maßnahmen sie umsetzen können.
3. Schüler nutzen die unterschiedlichen Regelungen in beiden Situationen oftmals geschickt aus (z. B.: „Bei Frau Meier ist das nicht so, da dürfen wir das." oder: „Wieso? Das hat mir keiner gesagt, das wusste ich nicht.").
4. Die Lehrer/innen, die nach dem Unterricht Kinder aus unterschiedlichen Klassen zu betreuen haben, sitzen teilweise auf einer „explosiven Kindermischung". Viel Zeit geht gerade in diesem Bereich damit verloren, eine gemeinsame Basis zum Arbeiten oder Spielen zu schaffen. Oftmals gelingt dies überhaupt nicht.
5. Dazu kommen immer wieder auch Fälle von Erpressung, Sachbeschädigung und Körperverletzung, die vielleicht nie spektakulär sind, jedoch im Kollegium jedes Mal ein dumpfes Gefühl der eigenen Unzulänglichkeit und Ratlosigkeit hinterlassen.

Die Kolleg/innen verwendeten viel Zeit darauf, tagtäglich Konflikte zwischen Schüler/innen zu klären, zu schlichten oder fatale Folgen einer Eskalation kleinerer Konflikte aufzuarbeiten.
Bei den Kolleg/innen, die die Aufsicht in der großen Pause gewährleisten mussten, wurde die Unsicherheit immer größer, wie sie mit kleineren und größeren Gewalttätigkeiten umgehen sollten. In den Teambesprechungen dominierte eine einzige Frage: Was tun?

1.4 Auf der Suche nach Lösungen

Auf der Suche nach Lösungen konkretisierten wir unsere Probleme zu diesen zentralen Fragen:

1. Wie vermeiden wir die Schimpfwortflut?
2. Wie sollten unsere Umgangsformen untereinander sein?
3. Wie können Kinder ihren Unmut ohne Aggression äußern?
4. Wie kann die Pause gewaltfreier gestaltet werden?
5. Wie kann eine kindgerechte Schulordnung aussehen?

Die Idee, eine gemeinsame „Regelkultur" zu entwerfen, an der sich Schüler/innen und Kolleg/innen orientieren können, kam auf. Wir beschlossen, Pädagogische Tage zu diesem Thema durchzuführen.

In diesen Konferenzen wurden vom Kollegium erste Ansätze für ein eigenes Konzept entworfen. Das Ergebnis dieser beiden Pädagogischen Tage war der Wunsch, mit einem exakt geplanten Projekt verbindliche Maßnahmen zur Verbesserung der Umgangsformen und damit zur Gewaltprävention zu erarbeiten. Daraus entstand schließlich eine kleine Arbeitsgruppe, die sich um die Gestaltung einer Projektwoche Gedanken machen sollte.

Bis das hier vorliegende Konzept fertig erstellt war, verging ein Jahr mit intensiver Arbeit und Diskussionen im Kollegium, denn über gemeinsame Ziele und Wege muss im Kollegium Konsens herrschen.

2 Allein oder gemeinsam: Wissenswertes über das Konzept

2.1 Möglichkeiten und Einschränkungen

Wenn Sie an Ihrer Schule als ganzes Kollegium gewaltpräventiv arbeiten möchten, können Sie unser Konzept vollständig übernehmen, oder Sie einigen sich auf einige Bausteine bzw. Regeln. Diese können Sie der spezifischen Situation an Ihrer Schule anpassen.

Wenn an Ihrer Schule ein gemeinsames Vorgehen undenkbar ist, ist es empfehlenswert, mit nur einem Thema zu beginnen. Wählen Sie die entsprechenden Bausteine aus unserem Konzept aus, die Ihrem Ziel dienen und überfordern Sie sich und Ihre Schüler/innen nicht mit „zuviel des Guten". Wenn Sie allein arbeiten, müssen Sie sich einen überschaubaren Rahmen schaffen.

Es sollte darauf geachtet werden, dass

a) thematisch stringente Bausteine sinnvoll aufeinander abgestimmt eingesetzt werden können,
b) mit den Schüler/innen nur wenige gemeinsame Regeln vereinbart werden,
c) das Einhalten dieser Regeln tatsächlich kontrolliert und konsequent eingefordert wird.

Überlegen Sie sich daher vorher genau, welche zeitlichen und persönlichen Ressourcen und Möglichkeiten Sie haben, in Ihrem Schulalltag die eingeführten Regeln und Verhaltensweisen auch konsequent weiter zu verfolgen. Dies ist sicherlich aufwendig, doch der Einsatz lohnt sich, weil man später einen ruhigeren und entspannteren Schulalltag genießen kann.

Eventuell sind Sie ja nicht ganz allein, sondern finden Kolleg/innen aus Ihren Parallelklassen, die ebenfalls ein Interesse an gewaltpräventiver Arbeit haben. Ein kleines Team kann sehr effektiv in der Vor- und Nachbereitung sein.

2.2 Wesentliche Aspekte zur Orientierung

Unser Konzept ist so gegliedert, dass Sie sich an folgenden Aspekten orientieren können:

1. Vier thematische Einheiten
Die präventiven Übungen in unserem Konzept bilden insgesamt vier thematische Einheiten. Jede Einheit besteht aus 4–6 Bausteinen, die so aufeinander abgestimmt sind, dass sie die Kinder auf unterschiedlichen Ebenen ansprechen und verschiedene Ausdrucksmöglichkeiten hinsichtlich der Zielsetzung fördern. Anhand der vier Themen können Sie sich einen Schwerpunkt in der Arbeit mit Ihren Kindern suchen. Sie können natürlich auch Bausteine aus mehreren Themen herausnehmen und zu einer neuen Einheit zusammensetzen, die die Problemlage in Ihrer Klasse besser trifft.

2. Zwei altersspezifische Konzepte
Jede thematische Einheit ist einmal für die Klassenstufen 1/2 und noch einmal für die Klassenstufen 3/4 mit unterschiedlichen Schwerpunkten und Übungen erarbeitet und strukturiert. Die beiden Konzepte sind aber flexibel einzusetzen. Es ist durchaus möglich, einzelne Bausteine oder Teile davon für andere Klassenstufen altersgemäß umzustrukturieren. Überprüfen Sie also, ob Vorschläge aus der anderen Altersstufe für Ihre Klasse geeignet sind. Teilweise haben wir sogar gleiche Bausteine in beiden Altersstufen eingesetzt, die nur in der Vorgehensweise etwas differieren. Suchen Sie sich stets den methodisch besser passenden Baustein für Ihre Klasse aus!

3. Die gleichen Verhaltensregeln als Ziel
Das Thema „Umgang mit Provokationen" und das Thema „Einen drohenden Konflikt stoppen" sind auf das Erlernen gemeinsamer Regeln ausgerichtet, die in unserem Projekt für alle Klassenstufen gleich gelten. In der Umsetzung sind wir allerdings in Klasse 1/2 und 3/4 differenziert vorgegangen. Beide Konzeptionen führen hier aber zum gleichen Ziel. Wenn Sie allein arbeiten, machen Sie Ihren Kindern deutlich, dass diese Regeln für die ganze Klasse gelten, dass aber Konflikte mit Kindern aus anderen Klassen damit nur eingeschränkt gelöst werden können (z. B. Reagieren auf die „Stopp-Regel").

4. Zeitlich flexibel einsetzbar
Sie können die Bausteine über einen längeren Zeitraum in den Unterricht integrieren oder aber gezielt zur Gestaltung einer Unterrichtseinheit nutzen. Wichtig bei der Umsetzung unserer Vorschläge ist aber ein gelassener Umgang mit der Zeit! Unsere Angaben sind nur eine ungefähre Einschätzung, man sollte die Übungen und Bausteine auf keinen Fall unter Zeitdruck durchführen. Aber Zeit, die man hier investiert, macht sich auf jeden Fall später bezahlt. Die einzelnen Bausteine sind räumlich unabhängig, d. h. allesamt im Klassenzimmer oder ggf. in der Sporthalle durchführbar.

Selbstverständlich bedeutet die Umsetzung dieser Bausteine viel Aufwand und konsequentes Verfolgen der Ziele über einen längeren Zeitraum hinweg. Dies muss jedem Lehrer klar sein, der diesen Schritt mit seiner Klasse oder seinem Kollegium macht. Aber dennoch steht der Aufwand unseres Erachtens in einem guten Verhältnis zu seinem Nutzen: Klare „Spielregeln" schonen Zeitbudget und Nerven, man kann sich im Schulalltag entspannter bewegen und Konflikte auf einer gemeinsamen Grundlage leichter lösen oder besser: lösen lassen.

Um die Beschreibungen der einzelnen Bausteine und die Kopiervorlagen dem richtigen Thema leichter zuordnen zu können, haben wir für jedes Thema Symbole verwendet:

Thema 1: Umgang mit Gefühlen
Klasse 1/2: Ich lerne meine und unsere Gefühle kennen
Klasse 3/4: Was mache ich, wenn ich wütend bin?

Thema 2: Umgang mit Provokationen
Klasse 1/2: Wenn mich jemand ärgert, bleibe ich cool! – Ich habe eine dicke Haut!
Klasse 3/4: Wenn mich jemand ärgert, bleibe ich cool! – Schimpfwörter, was ist das?

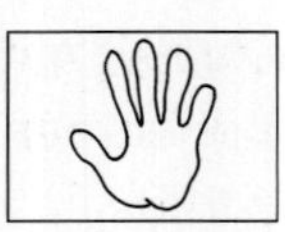

Thema 3: Drohende Konflikte stoppen
Klasse 1/2: Wenn es mir zu viel wird, sage ich „Stopp"! – die STOPP-Hand hilft!
Klasse 3/4: Ich-Botschaften: Wenn es mir zu viel wird, sage ich „Stopp"!

Thema 4: Miteinander reden
Klasse 1/2: Wenn mich jemand nervt, sage ich ihm das ohne Schimpfwörter!
Klasse 3/4: Komm, lass uns drüber reden!

Grundsätzlich wird jedes Thema auf der emotionalen, der symbolischen und der kognitiven Ebene aufgearbeitet. Methodisch wechseln bei den Bausteinen Spiel, Musik, Bastelarbeit, Malen, darstellendes Spiel, Geschichten, Reflexion, Verbalisierung und Verschriftlichung ab.

Die vorliegenden Bausteine ermöglichen eine Konzentration auf die wesentlichen Elemente und Ziele präventiven Arbeitens, die intensiv erarbeitet werden sollten. Die Wiederholung und Differenzierung der Übungen über einen längeren Zeitraum hinweg ist notwendig, um Lernfortschritte aufzuzeigen und die Regelhaftigkeit deutlich werden zu lassen. Eine Ergänzung mit anderen Übungen und Spielen ist nicht nur denkbar, sondern auch wünschenswert. Deshalb verweisen wir am Ende des Buches auf Literatur, in der Sie weiterführendes Material zu den einzelnen Themen finden können.

3 Zur Entwicklung eines gemeinsamen pädagogischen Handlungskonzeptes

3.1 Gestalten einer eigenen Schulkultur

Wie bereits deutlich wurde, erfordert die Entwicklung und Gestaltung eines solchen Schulkonzeptes von allen Beteiligten innovatives und konstruktives Zusammenarbeiten. Sie müssen sich gemeinsam darüber klar werden, welche Ziele sie mit den Schüler/innen erreichen wollen und in regelmäßigen Abständen den erreichten Stand betrachten und evaluieren.

Die Entwicklung eines gemeinsamen pädagogischen Handlungskonzepts, die dahin ausgerichtete, bewusste Gestaltung und Begleitung von Lern- und Erziehungsprozessen wird in der Fachliteratur als Entwicklung einer „Schulkultur" bezeichnet. Nachweislich ist die bestehende Schulkultur ein wichtiger Indikator für das Ausmaß gewalthaltigen Verhaltens von Schüler/innen. Je weniger gemeinsame Ziele ausgeprägt sind und pädagogisch verfolgt werden, desto größer ist die Wahrscheinlichkeit, dass die schulischen Bedingungen gewaltfördernd wirken (vgl. Forschungsgruppe Schulevaluation, 1998, S.195).
Die Zusammenhänge zwischen der herrschenden Schulkultur und dem Gewalthandeln von Schüler/innen wurden in mehreren Untersuchungen nachgewiesen.
Problematische Lehrer-Schüler-Beziehungen unterstützen die Gewaltbereitschaft von Schülern, wenn sie stigmatisierende und etikettierende Wirkung auf die Schüler haben (vgl. Holtappels 1993, Holtappels/Meier 1997). Auch die Diskrepanz von Leistungsanforderungen im Verhältnis zu den eigenen Bewältigungsmöglichkeiten kann bei Schülern deviantes Verhalten fördern (vgl. Mansel/Hurrelmann 1991, Holtappels/Meier 1997).

Das bedeutet, eine positive Schulkultur zeigt sich in dem Maße, in dem sich Schüler/innen, Lehrer/innen und Eltern mit ihrer Schule identifizieren. Um das zu gewährleisten, müssen folgende Elemente vorhanden sein:

1. Es muss ein weitestgehender Erziehungskonsens herrschen, d.h. das Kollegium hat Wege und Ziele für seine Erziehungsarbeit an der Schule formuliert und verfolgt sie in organisatorischer und pädagogischer Hinsicht.
2. Die Lernkultur an der Schule ist positiv begründet, d.h. es ist eine deutliche Leistungsorientierung in dem Sinne vorhanden, dass die Schüler/innen weder über- noch unterfordert werden. Die Lehrer/innen verfolgen im Unterricht klare Ziele und verhalten sich dabei konsequent pädagogisch und schülerorientiert.
3. Die Lehrer-Schüler-Beziehungen sind positiv begründet und von hoher Qualität. Soziales Lernen wird ermöglicht.
4. Die Arbeits- und Lernbedingungen sind gut ausgestaltet, die Schule ist offen für Anregungen und Zusammenarbeit innerhalb und außerhalb der Schultore.
5. Das Kollegium hat genügend Freiheiten, um Lernumgebungen zu gestalten, Lernerfahrungen zu organisieren, im Team zu planen und zu arbeiten. Flexibilität und ein grundsätzlich pädagogisches Denken sind gegeben.
6. Die Schule ist bereit, Verantwortung an Schüler/innen, Lehrer/innen sowie die Elternschaft abzugeben.
7. Alle Beteiligten werden in die Gestaltung und Organisation der Schule eingebunden (vgl. auch Holtappels, 1995; Dann 1999, S. 363ff.).

Die Forschungsgruppe Schulevaluation zeigt in ihrem Forschungsbericht weitere Aspekte der Schulkultur auf, die mit der Gewaltbelastung an der Schule korrespondieren:

1. Der Führungsstil der Schulleitung
Je restriktiver und autoritärer der Führungsstil ist, desto weniger positive Schulkultur kann sich entwickeln.

2. Die Professionalität des Lehrerhandelns
Diese zeigt sich im unterrichtlich-didaktischen Bereich („Lernkultur“) sowie im außerunterrichtlich-erzieherischen Bereich.

3. Die Gestaltung der Sozialbeziehungen
Hier spielen insbesondere die Lehrer-Schüler-Verhältnisse eine bedeutende Rolle.
(vgl. Forschungsgruppe Schulevaluation, 1998, S.192)

Gewaltverhindernde Wirkung dagegen zeigt lebensweltbezogener, schülerorientierter Unterricht, in dem die Lehrenden ein an den Bedürfnissen der Kinder ausgerichtetes Förderengagement zeigen.
(vgl. Holtappels/Meier, 1997)

Um eine Projektwoche zu planen und durchzuführen, waren für uns einige dieser Punkte tatsächlich sehr wichtig:

1. Soziales Lernen ist vom Kollegium bereits vor drei Jahren als ein gemeinsames Ziel formuliert worden und findet im täglichen Unterricht seinen Platz. Offene Arbeitsformen und methodische Vielfalt werden von vielen Kolleg/innen umgesetzt.
2. Ebenso herrscht über die Vermittlung eines positiven Leistungs- und Selbstkonzeptes am Ende der Grundschulzeit Konsens im Kollegium.

Darüber brauchten wir also keine schulinterne Debatte mehr zu führen. Auf dieser Grundlage konnten wir weitere Ziele debattieren, die die Grundlage unseres Konzeptes darstellen:

1. das Schaffen gemeinsamer Grund- und Normenwerte und
2. die Verbesserung der Beziehungen zwischen Schüler/innen untereinander und Schüler/innen und Lehrer/innen.

Dieses Ziel sollte durch unser Projekt gefördert werden. Das Schaffen gemeinsamer Grundwerte wurde durch bereits bestehende Teamarbeit und ständigen ehrlichen Austausch unter den Lehrer/innen erleichtert.

3.2 Schritte und Tipps zur Durchführung einer gewaltpräventiven Projektwoche

1. Schritt: ... die Bausteine und die benötigten Materialien für Klasse 1/2 und Klasse 3/4 in Arbeitsgruppen erarbeiten

Die Arbeitsgruppen bereiten die Materialien und den Verlauf der einzelnen Tage so auf, dass sie dem Kollegium vorgestellt und erläutert werden können. Wichtig ist dabei auch die Formulierung der Ziele und Grundsätze! Bei der Umsetzung in der Klasse kommt es sehr darauf an, wie den Kindern der Sinn und der Zweck der Projekttage erklärt werden. Dazu benötigen die Lehrer/innen Hintergrundinformationen über gewaltpräventive Prinzipien (vgl. Kapitel 1).

2. Schritt: ... einen Pädagogischen Tag durchführen

An einem Pädagogischen Tag werden dem gesamten Kollegium – getrennt nach Klassenstufen – der endgültige Verlauf und die Inhalte der Projektwoche vorgestellt und erläutert.
Die einzelnen Bausteine werden besprochen, das Material vorgestellt, die Spiele erprobt. Zielsetzungen jedes Schrittes werden noch einmal verdeutlicht. Didaktische und methodische Hinweise werden dabei eingebunden und diskutiert.

3. Schritt: ... die Projektwoche vorbereiten

Lehrer/innen treffen nun die Vorbereitung für die Projektwoche in ihrer Klasse, sie bereiten das Material vor. Beginn und Ende des Unterrichts ist in dieser Woche für alle Schüler/innen zur gleichen Zeit. Es können Absprachen getroffen werden, welche Lehrer/innen eventuell im Team arbeiten können, welche Aktionen gemeinsam durchgeführt werden etc.

Im Rückblick erscheinen uns einige organisatorische Hinweise besonders wichtig:

1. Es ist genügend Zeit zwischen dem Vorstellen der Bausteine am Pädagogischen Tag und dem Durchführen der Projektwoche einzuplanen. Zwei Wochen sollten die Lehrer/innen zur Vorbereitung, für Rückfragen oder zum Ausprobieren Zeit haben.
2. Es muss allen deutlich werden, dass mit dieser Projektwoche die Arbeit an diesem Thema nicht beendet ist, sondern erst begonnen hat! Daher ist es auch sinnvoll, im Kollegium nach dem Projekt Anregungen zu sammeln, wie man die Themen und Inhalte weiterführen kann. Ein regelmäßiger Austausch macht den Handlungsbedarf deutlich und kann als Erinnerungsstütze dienen.

3. Wenn die Projekttage bereits zu Beginn eines Schuljahres stattfinden (z.B. im Herbst), bietet es sich an, die ersten Klassen noch nicht einzubeziehen. Es macht mehr Sinn, mit den Erstklässlern die Projektinhalte erst nach Weihnachten zu erarbeiten, da sie sich bis dahin in den Schulalltag eingefunden haben.
4. Um das kontinuierliche Einhalten der gemeinsamen Regeln zu gewährleisten, sollte man in jedem Schuljahr mit den jeweiligen 1. und 3. Klassen die Projektwoche wiederholen. Für diese Kinder sind die Bausteine und Inhalte neu. In den anderen Klassen sollte eine Wiederholung der wesentlichen Regeln und Elemente kontinuierlich erfolgen.

Bei gewalttätigen Vorfällen, die nach der Projektwoche von der Pausenaufsicht oder den Fachlehrer/innen beobachtet werden, ist es sehr effektiv, gemeinsam mit den entsprechenden Klassenlehrer/innen in die Klasse zu gehen und auf diesen Regelverstoß hinzuweisen. Den Schüler/innen muss die Gültigkeit der erarbeiteten gemeinsamen Regeln im Konfliktfall stets deutlich werden.

4 Gewaltprävention in Klasse 1/2

4.1 Umgang mit Gefühlen

4.2 Umgang mit Provokationen

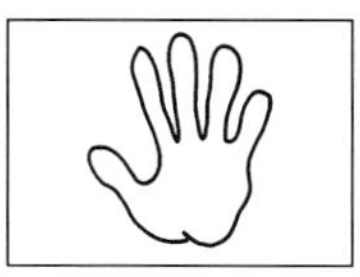

4.3 Drohende Konflikte stoppen

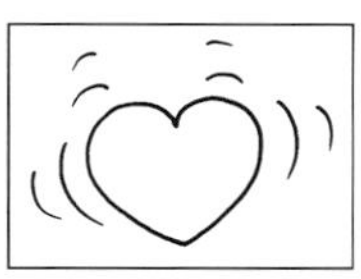

4.4 Miteinander reden

4.1 Umgang mit Gefühlen

Ich lerne meine und unsere Gefühle kennen

Bausteine:

1. Begrüßungsspiel: Hand in Hand oder Rücken an Rücken?
2. Gefühlsgeschichten: Schön blöd oder supercool?
3. Pantomime: Weißt du, wie ich mich fühle?
4. Gefühlsbarometer für unsere Klasse
5. Drachenspiel

Gewaltpräventive Ziele:

Diese Bausteine sollen die Kinder befähigen, eigene Gefühle bewusst wahrzunehmen und auszudrücken. Die Schüler lernen, auch die Gefühle anderer zu erkennen und unterschiedliche Gefühlslagen in ihrem Verhalten anderen gegenüber zu berücksichtigen.

Methodisch-didaktische Überlegungen:

Die Bausteine sind so aufeinander abgestimmt, dass die Kinder verschiedene Ebenen des Umgangs mit Gefühlen erfahren und erproben können. Mit diesem ganzheitlichen Ansatz möchten wir ein altersgemäßes Arbeiten ermöglichen, indem wir den Kindern verschiedene Zugangsweisen anbieten.

- Auf der emotionalen Ebene lernen die Kinder die eigenen Gefühle kennen und können ihre Ausdrucksformen und Wirkungen spielerisch erproben („Hand in Hand", Drachenspiel).
- Um den Ausdruck der eigenen Gefühle zu erleichtern, können die Kinder ihr momentanes Befinden mit Hilfe von gemeinsamen Symbolen mitteilen. Durch die Arbeit auf der symbolischen Ebene kann der Klasse der tägliche Umgang miteinander erleichtert werden (Gefühlsbarometer, „Schön blöd").
- Um einen ersten Schritt zur Empathiefähigkeit zu machen, müssen die Kinder ihre emotionalen Erfahrungen auf Alltagssituationen übertragen und verbalisieren („Schön blöd", Gefühlsbarometer).
- Zur Schulung der Ausdrucksfähigkeit werden die Kinder angeleitet, ihre Gefühle durch Mimik und Gestik den anderen Kindern deutlich zu machen (Pantomime).

Begrüßungsspiel: Hand in Hand oder Rücken an Rücken

Ziel:

Die Kinder nehmen körperliche Kontakte als positive oder negative Empfindungen wahr und verbalisieren sie.

Vorgehen:

- Die Kinder bewegen sich zur Musik im Raum.
- Bewegungsarten können sein: gehen, laufen, hüpfen, kriechen etc.
- Stoppt die Musik, begrüßen sich die Kinder auf unterschiedliche Weise.
- Diese können durch den Lehrer/die Lehrerin angesagt oder durch große Symbolkarten visualisiert werden.
- Mögliche Begrüßungsarten können sein: Hand in Hand, Rücken an Rücken, Fuß an Fuß, Po an Po, Kopf an Kopf, Nase an Nase.
- Nach dem Spiel werden in einer ruhigen Phase die Empfindungen von den Kindern verbalisiert: „Ich fand am schönsten ...", „Ich fühlte mich unwohl, als ...", „Ich musste lachen, als ...".

Material:

- CD oder Musikkassette
- Kopiervorlage: Symbolkarten zum Begrüßungsspiel

Dauer:

20–30 Minuten für einen Durchgang, in dem sechs Begrüßungsarten erprobt werden.

Tipps:

- Bei diesem Spiel können die Kinder um Tische und Stühle herumlaufen, sodass der Klassenraum nicht unbedingt umgeräumt werden muss.
- Neue Varianten für das Spiel sind: Hand an Fuß, Kopf an Rücken usw. Dabei muss allerdings eine Absprache mit den Kindern erfolgen.

Symbolkarten zum Begrüßungsspiel

Kopf an Kopf

Nase an Nase

Po an Po

Schulter an Schulter

Symbolkarten zum Begrüßungsspiel

Hand in Hand

Bauch an Bauch

Rücken an Rücken

Fuß an Fuß

Gefühlsgeschichten: Schön blöd oder supercool?

Ziel:
Anhand von verschiedenen Situationen, die auf Bildern gezeigt werden, lernen es die Kinder, mögliche Gefühle anderer nachzuvollziehen und entsprechende Symbole zuzuordnen. Sie können die Situationen auf eigene Erfahrungen übertragen und verbalisieren.

Vorgehen:
- Jedes Kind bastelt sich Gefühlsklammern:
  Klasse 1 – zwei Gefühlsklammern: eine mit fröhlichem Gesicht, eine mit traurigem Gesicht,
  Klasse 2 – vier Gefühlsklammern mit folgenden Wörtern: traurig, fröhlich, ängstlich, wütend.
- Das erste Bild wird gemeinsam betrachtet.
- Jedes Kind überlegt für sich, welches Gefühl diese Situation bei ihm hervorruft und wählt eine entsprechende Gefühlsklammer aus.
- Jedes Kind bringt seine Gefühlsklammer an dem Bild an.
- Stimmen die Meinungen überein?
- Wenn nicht, dann verbalisieren die Kinder, welche Gefühle für sie zum Ausdruck gebracht werden und warum.
- Nun wird das nächste Bild betrachtet usw.
- Eine Übertragung auf den schulischen Alltag dient einer späteren Regelfindung im Umgang miteinander. Zum Schluss sollte gemeinsam festgehalten werden: Wann fühlen wir uns wohl? Wann fühlen wir uns nicht wohl?

Material:
- Kopiervorlage: Gesichter und Wörter für die Gefühlsklammern
- Holzklammern
- Klebstoff/Schere
- Kopiervorlage: Bilder mit Situationen (können auch coloriert und laminiert werden)

Dauer:
30–60 Minuten

Tipps:
- In dem Unterrichtsgespräch können sehr persönliche und schwierige Erfahrungen der Kinder zu Tage kommen. Um eine Überforderung in dieser Situation zu vermeiden, kann es sinnvoll sein, die Bilder stets im Hinblick auf die Klassengemeinschaft zu betrachten. Wenn z. B. ein Kind beschreibt, wie unangenehm es die Berührungen von Erwachsenen erlebt, kann man zu Einigungen kommen, wie in der Klasse mit Berührungen umzugehen ist.
- Aus dem gleichen Grund sollte man mit den Kindern vorher besprechen, dass über die Äußerungen der anderen nicht gelacht werden darf. Eine offene, ehrliche Atmosphäre und sensibles Vorgehen sind bei der Durchführung nötig.

Gesichter und Wörter für Gefühlsklammern

traurig	traurig	traurig
fröhlich	fröhlich	fröhlich
ängstlich	ängstlich	ängstlich
wütend	wütend	wütend

traurig	traurig	traurig
fröhlich	fröhlich	fröhlich
ängstlich	ängstlich	ängstlich
wütend	wütend	wütend

Pantomime: Weißt du, wie ich mich fühle?

Ziel:

Die Kinder lernen, durch Körperhaltung und Mimik Gefühle und Stimmungen auszudrücken und nonverbale Signale zu erkennen.

Vorgehen:

- Die Kinder sitzen so, dass sie die Mimik und Gestik der Darsteller gut sehen können.
- Die Darsteller erhalten eine Gefühlskarte (mit Bild und Wort).
- Ein Kind tritt auf und stellt das Gefühl dar. Die anderen Kinder sollen es erraten.

Material:

- Kopiervorlage: Gefühlskarten

Dauer:

10–15 Minuten

Tipps:

- Es sollte vermieden werden, dass die Kinder in die Klasse „hineinschreien".
- Bei falschen Begriffen kann dieser Impuls gegeben werden:
  Wie drückst du es denn aus, wenn du dich so fühlst?

Gefühlskarten

wütend

lieb

fröhlich

ängstlich

zornig

beleidigt

zapplig

nervös

müde/erschöpft

traurig

mutig

nachdenklich

ungeduldig

einsam

schüchtern

stolz

Gefühlsbarometer für unsere Klasse

Ziel:

Die Kinder lernen, ihre Gefühlslage und die der anderen Kinder wahrzunehmen und im eigenen Verhalten zu berücksichtigen.

Vorgehen:

- Jedes Kind bastelt sich ein Gefühlsbarometer.
- Das Barometer kann zu Beginn jedes Tages von den Kindern eingestellt werden.
- Damit macht jedes Kind eine Aussage über seine Befindlichkeit.

- Das Gewitter-bis-Sonne-Barometer

  - Zeiger auf Tonpapier kopieren, evtl. farbig abheben
  - Schüler erhalten jeweils einen Zeiger und ein Barometer
  - Symbole des Barometers können angemalt werden
  - Zeiger ausschneiden und mit dem eigenen Namen beschriften lassen
  - Zeiger nun in der Mitte lochen und mit einer Verschlussklammer auf dem Barometer befestigen
  - alle Barometer auf einen großen Bogen Fotokarton kleben (wichtig: nur am äußeren Rand kleben) und damit eine „Barometerwand" gestalten
  - Barometer bei einzelner Aufbewahrung besser auf Tonpapier kopieren (höhere Stabilität)

Material:

- Schere/Kleber
- Kopiervorlage: Gefühlsbarometer
- Kopiervorlage: Zeiger für das Gefühlsbarometer (auf Tonpapier kopieren)

Dauer:

15–20 Minuten

Tipps:

- Der Umgang mit dem Gefühlsbarometer ist nicht für jeden Tag zwingend. Wichtig ist, dass die Kinder anhand des Barometers lernen, Rücksicht aufeinander zu nehmen. Als Lehrer erhält man eine Rückmeldung über die Befindlichkeit der Klasse und kann diese bei Bedarf aufgreifen.
- Weniger Zeit im Unterricht sowie in der Vorbereitung braucht das Gesichterspiel (siehe Kopiervorlage S. 53). Dies kann jederzeit im Morgenkreis eingesetzt werden. Dabei kleben die Kinder einen Punkt auf das entsprechende Gesicht und äußern sich dazu.

Gefühlsbarometer

Zeiger für das Gefühlsbarometer

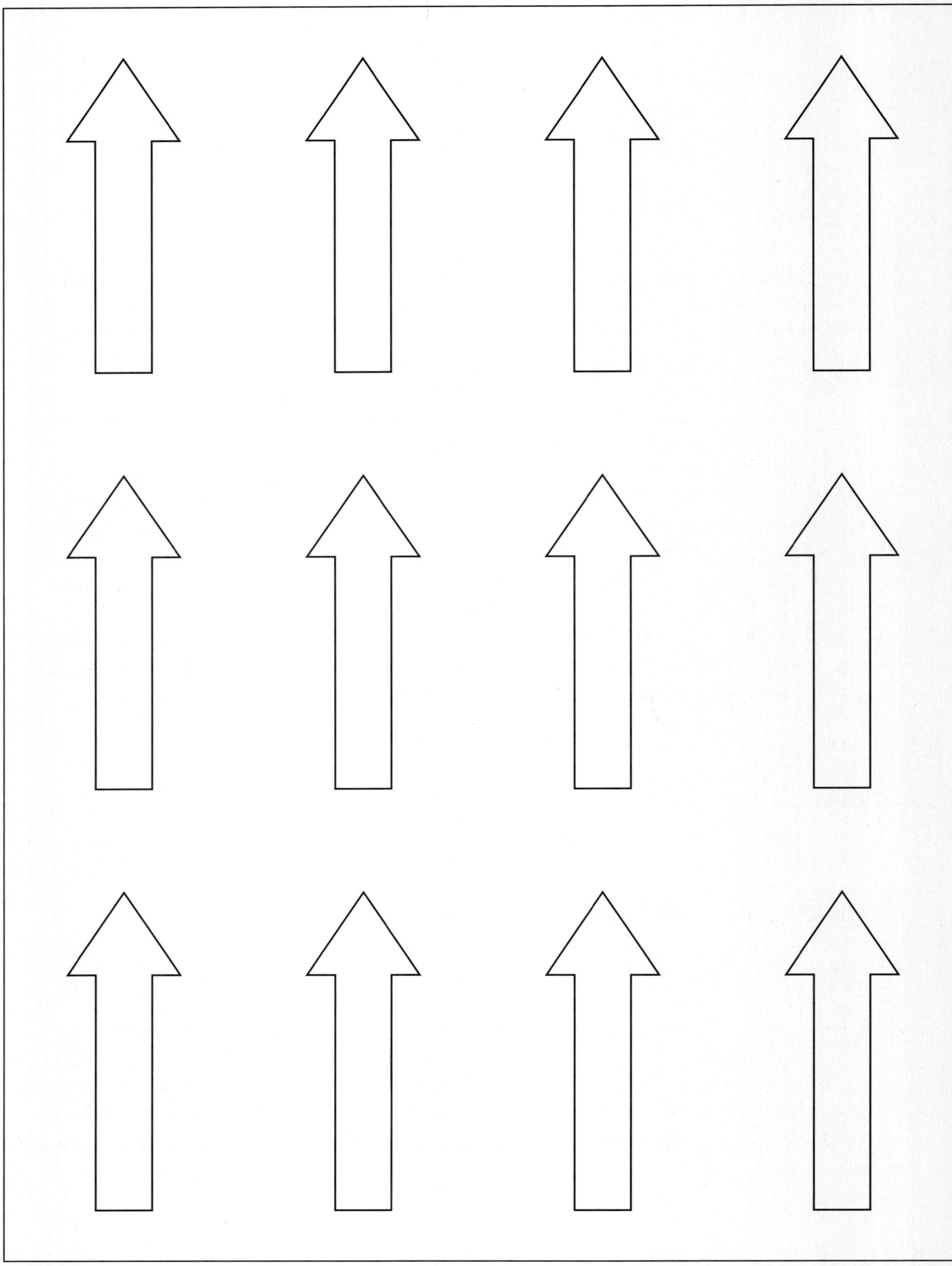

Drachenspiel

Ziel:

Die Kinder lernen eigene Gefühle in einer Spielsituation kennen und können sie verbalisieren.

Vorgehen:

- Jedes Kind erhält ein Band und steckt es als „Schwanz“ hinten in seine Kleidung.
- Das Band sollte fest stecken, sodass es beim Rennen nicht verloren geht.
- Ein Kind spielt den Drachen, der versucht, anderen Kindern ihren „Schwanz“ zu entreißen.
- Wer sein Band verliert, lässt sich zu Boden sinken.
- Dies kann entsprechend den Gefühlen, die durch das Ausscheiden aus dem Spiel empfunden werden, laut und theatralisch passieren.
- Während dieser Zeit stoppt das Spiel.
- Im weiteren Verlauf kauern die Kinder, während das Spiel um sie herum fortgeführt wird, auf dem Boden. Wichtig ist dabei, dass der Kopf mit den Händen geschützt wird. Dies muss vor Beginn des Spiels mit der Gruppe abgesprochen sein.
- Das Spiel ist zu Ende, wenn der Drache allen Kindern ihren „Schwanz“ entrissen hat oder wenn kein ausreichender Platz für die Spieler zur Verfügung steht.
- Auch hier ist es wichtig, dass die Gefühle am Ende des Spiels in einer ruhigen Phase verbalisiert werden. Besonders die Opferrolle und das Angewiesensein auf die Rücksichtnahme der anderen sollte besprochen werden.

Material:

- Sportbänder oder Tücher

Dauer:

15–20 Minuten (je nach Klassenstärke und Anzahl der Durchgänge)

Tipps:

- Bei diesem Spiel ist es sinnvoll, nur einen „Drachen“ auszuwählen. Mehrere Drachen lassen die Situation für die Kinder, die gefangen werden sollen, unübersichtlich werden. Dies beinhaltet ein Sicherheitsrisiko für die „kauernden“ Kinder.
- Dieses Spiel ist in der Praxis erprobt. Dennoch sollte jeder Lehrer überlegen, ob der Klasse vertraut werden kann und danach überlegen, ob dieses Spiel umgesetzt wird.

4.2 Umgang mit Provokationen

Wenn mich jemand ärgert, bleibe ich cool! – Ich habe eine dicke Haut!

Bausteine:

1. Fantasiereise: Wir fliegen auf die Gefühlsplaneten
2. Aufstehspiel: Bitte stehe schweigend auf, wenn ...
3. Geschichte: Elo – der Elefant, der sich nicht mehr rot ärgern wollte
4. Bastelarbeit: Elo – unser Klassenelefant mit der dicken Haut
5. Elefantenlied

Gewaltpräventive Ziele:

Diese fünf Bausteine sollen den Kindern deutlich machen, dass jeder von ihnen täglich negative Erlebnisse hat und dass es verschiedene Wege gibt, damit umzugehen. Dabei wird ihnen bewusst werden, dass der häufigste Anlass für emotionalen Stress verbale Provokationen sind. Mit Hilfe der Bausteine lernen sie Verhaltensmuster kennen, wie sie auf verbale Attacken reagieren können, ohne dass die Auseinandersetzung außer Kontrolle gerät.

Methodisch-didaktische Überlegungen:

Auch bei diesem Thema ist es wichtig, dass die Kinder auf möglichst vielen Ebenen mit den Inhalten zunächst konfrontiert werden und anschließend damit umzugehen lernen. Diese Einheit ist so strukturiert, dass die Kinder Schritt für Schritt an die Thematik herangeführt werden:

- Es werden Ausdrucksformen verschiedener Gefühle von den Kindern pantomimisch dargestellt (Fantasiereise auf die Gefühlsplaneten).
- Durch das Aufstehspiel werden bei den Kindern Assoziationen geweckt, indem sie Gefühle mit konkret erlebten Situationen verbinden. Gleichzeitig erkennen sie, dass andere ähnliche Erlebnisse haben. Unsere Erfahrung hat gezeigt, dass durch diese Methode eine Veränderung in der Klassengemeinschaft spürbar wird: häufig entsteht ein gemeinsames Empfinden von Sicherheit, Nähe, Vertrauen, Verbundenheit.
- Im Elefanten „Elo“ finden die Kinder eine Identifikationsfigur, die der Klasse später als Symbol für richtiges Verhalten dient. Seine Erlebnisse entsprechen alltäglichen Situationen von Kindern und sind daher leicht auf die Klasse übertragbar. Seine „dicke Haut“ symbolisiert die später eingeführte Regel, bei verbalen Provokationen „cool“ zu bleiben. Die Symbolfigur und ihre Bedeutung wird mit der Klasse auf vielfältige Art und Weise kindgerecht erarbeitet (Bildergeschichte, Bastelarbeit, Elefantenlied).

Fantasiereise: Wir fliegen auf die Gefühlsplaneten

Ziel:

Die Kinder können Gefühle erkennen, benennen und darstellen.

Vorgehen:

- Die Kinder setzen sich in das „Raumschiff". Dazu sind Stühle, die in Zweierreihen hintereinander stehen, vorbereitet.
- Der Lehrer stimmt die Kinder durch eine kurze Einführung ein. Dann übernimmt er die Rolle des „Chefastronauten" und erzählt die Geschichte. (Später können Kinder diese Rolle übernehmen – siehe Kopiervorlage).
- Musik setzt ein.
- Das „Raumschiff" fliegt durch das Weltall.
- Alle Kinder machen die Bewegung des „Raumschiffs" mit.
- Auf dem ersten Planeten angekommen, steigt der „Chefastronaut" aus und erzählt etwas über die Bewohner des Planeten.
- Die Kinder müssen raten, auf welchem „Gefühlsplaneten" sie gelandet sind.
- Alle „wandern" entsprechend dem Namen des Gefühlsplaneten (Planet Traurig, Planet Lustig etc.) umher.
- Nach kurzer Zeit geht der Flug zum nächsten Planeten weiter.
- Die Reise kann fortgesetzt und noch weitere Gefühlsplaneten erforscht werden. Das ist abhängig von dem Interesse und der Ausdauer der Kinder.

Material:

- Musikkassette oder CD
- Zweierstuhlreihe hintereinander
- Kopiervorlage: Eine Reise zu den Gefühlsplaneten

Dauer:

15–20 Minuten

Tipps:

- Diese Fantasiereise eignet sich auch für die Turnhalle. Wenn die Kinder auf blauen Matten in einer Reihe hintereinander sitzen, werden die Bewegungen des Raumschiffes intensiver umgesetzt.
- Als „Chefastronaut" können auch Kinder eingesetzt werden, die in der Lage sind, ein Gefühl zu beschreiben, ohne es zu nennen.

Eine Reise zu den Gefühlsplaneten

Chefastronaut: „Heute starten wir mit einer Turborakete ins Weltall. Dort wollen wir gemeinsam unbekannte, geheimnisvolle Planeten und ihre Bewohner erforschen. Seid ihr bereit? Dann geht's los. Zuerst müssen wir uns anschnallen. Jetzt zählen wir rückwärts von 5 bis 0."

Die Musik setzt ein, Bewegung zu der Musik. Musik stoppt, die Rakete landet, der Chefastronaut steigt als erster aus, schaut sich auf dem Planeten um und ruft die Kinder.

Chefastronaut: „Kommt alle mit! Die Bewohner auf diesem Planeten sind immer froh und lustig. Sie freuen sich schon, wenn sie morgens aufstehen. Sie recken und strecken sich wohlig, begrüßen sich lachend, sie hüpfen und springen, umarmen sich und tanzen miteinander."

Frage an die Kinder: „Auf welchem Planeten sind wir?" (Planet der Lustigkeit)

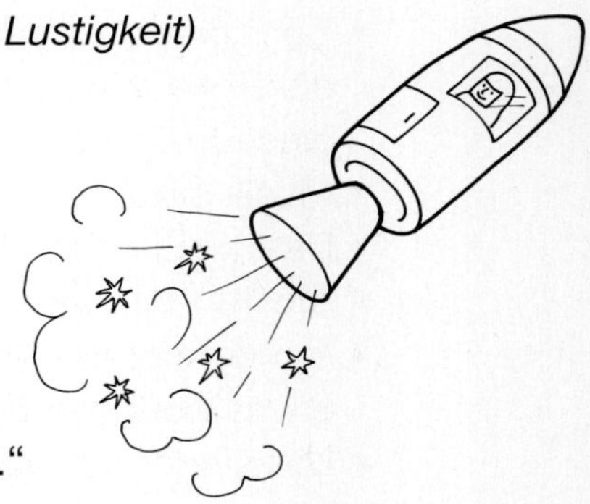

Chefastronaut: „Wir wollen uns auch einmal so bewegen wie die Bewohner. Jeder soll gleich sehen, wie wir uns fühlen."

Alle Kinder bewegen sich wie die Bewohner des Planeten.

Chefastronaut: „Leider müssen wir wieder weiter. Die Rakete ist wieder startklar. Wir steigen alle ein, schnallen uns an, Countdown."

Nach der Landung auf dem nächsten Planeten steigen alle wieder aus.

Chefastronaut: „Hier ist es ja finster und dunkel. Schaut euch mal die Bewohner an: Sie sehen so zornig und wütend aus, stampfen mit den Füßen, werfen sich zornig und wütend auf den Boden, raufen sich die Haare, ballen die Fäuste."

Frage an die Kinder: „Wo befinden wir uns?" (Planet der Wut)

Chefastronaut: „Wir wollen uns auch einmal so bewegen wie die Bewohner, sodass jeder gleich sieht, wie wir uns fühlen."

Alle Kinder bewegen sich wie die Bewohner des Planeten.

Chefastronaut: „Von hier wollen wir aber schnell weg. Mal sehen, wo unsere Rakete diesmal landet."

Die Rakete startet erneut. Die Musik setzt ein, Bewegung zu der Musik. Musik stoppt, die Rakete landet, der Chefastronaut steigt als Erster aus, schaut sich auf dem Planeten um und ruft die Kinder.

Chefastronaut: „Wo sind wir denn hier gelandet? Auf dem Planeten sieht alles so traurig aus. Die Bewohner blicken traurig, einige weinen und alle sehen sehr bedrückt aus."

Frage an die Kinder: „Wo befinden wir uns?" (Planet der Traurigkeit) …

Aufstehspiel: Bitte stehe schweigend auf, wenn ...

Ziel:

Die Kinder erleben, dass sie einige der negativen Gefühle und Erfahrungen, über die sie sonst nicht zu sprechen wagen, nicht alleine tragen. Gleiche Erfahrungen können Nähe und Vertrauen herstellen.

Vorgehen:

- Alle Teilnehmer sitzen in einem Kreis.
- Der Lehrer liest verschiedene Situationen vor.
- Dabei ist darauf zu achten, dass die Formulierungen für die Fragen immer die gleichen bleiben (siehe Kopiervorlage).
- Die Schüler, für die der jeweilige Sachverhalt zutrifft, stehen auf.
- Der Lehrer spielt mit.
- Wichtig: Während des Spiels wird nicht gesprochen.
- So entsteht ein geschützter Raum (ohne Auslachen oder verbale Attacken), in dem die Gruppe mehr von dem Einzelnen und über sich selbst erfährt.
- Es werden keine Entscheidungen diskutiert.

Material:

- Kopiervorlage: Aufforderungen zum Aufstehspiel

Dauer:

10–15 Minuten (je nach Anzahl der gestellten Fragen)

Tipps:

- Der Lehrer sollte vorher festlegen:
  Sitzen bleiben bedeutet entweder: „Das trifft für mich nicht zu!“ oder „Das geht niemanden etwas an!“.
- Für ein Gelingen des Spiels ist eine Atmosphäre der Freiwilligkeit absolut notwendig.
- Eine andere Variante des Spiels ist es, dass die Kinder die Plätze im Kreis wechseln.

Aufforderungen zum Aufstehspiel

Bitte stehe schweigend auf, ...

- wenn du gerne Spagetti isst
- wenn du ältere Geschwister hast
- wenn du ein eigenes Tier hast
- wenn du gerne im Hof spielst
- wenn du einen Freund hast
- wenn du manchmal traurig bist
- wenn du schon einmal jemanden geärgert hast
- wenn dir schon mal jemand etwas weggenommen hat
- wenn du einmal deine Freundin oder deinen Freund geärgert hast
- wenn du manchmal nicht mitspielen durftest
- wenn du schon einmal Angst vor anderen Kindern gehabt hast
- wenn du schon einmal etwas Falsches über jemanden erzählt hast
- wenn du dich schon einmal alleine gefühlt hast
- wenn du schon einmal von jemandem geärgert wurdest
- ....
- ....
- ....
- ....
- ....
- ....

Geschichte:
Elo – der Elefant,
der sich nicht mehr rot ärgern wollte

Ziel:

Die Kinder machen sich Handlungsschemata für Situationen bewusst, in denen sie sich ärgern.

Vorgehen:

- Die Schüler sitzen in einem Stuhlkreis.
- Der Lehrer erzählt die Geschichte des Elefanten Elo.
- Besonders deutlich muss herausgehoben werden, dass Elo immer dann rot wird, wenn er sich ärgert.
- Zur Unterstützung und Veranschaulichung werden zur Geschichte passende Bilder gezeigt (siehe Kopiervorlage).

Material:

- Kopiervorlage: Die Geschichte von dem Elefanten Elo, der sich nicht mehr rot ärgern wollte.
- Kopiervorlagen: Bilder zur Geschichte des Elefanten Elo

Dauer:

15–20 Minuten

Tipps:

- Um eine Identifikation der Kinder mit dem Elefanten Elo zu unterstützen, kann die Geschichte durch eine Handpuppe erzählt werden.
- Die Handpuppe kann sich immer wieder direkt an die Kinder wenden und mit ihnen gemeinsam Lösungsvorschläge für „Elos Problem“ erarbeiten.

Die Geschichte von dem Elefanten Elo, der sich nicht mehr rot ärgern wollte

Kennt ihr eigentlich die Geschichte von dem Elefanten Elo? Elo lebte in Afrika, wo viele Elefanten leben. Elo hatte einen langen Rüssel und zwei kurze Zähne, denn Elo war erst acht Jahre alt. Eigentlich sah er genau so grau und groß aus wie alle anderen Elefanten in seiner Familie. Doch etwas war anders: Wenn Elo sich ärgerte, wurde er plötzlich am ganzen Körper rot wie eine Tomate und weil er sich dann noch mehr ärgerte, fing er sogar noch an zu leuchten.

Das passierte ihm zum ersten Mal, als sich eine kleine Maus über ihn lustig machte. Die rief: „Hallo Elo, Helo, Belo, Celo hahaha!" Da wurde Elo so wütend, dass er plötzlich ganz rot wurde, so wie eine Tomate. Am Abend, als Elo über die freche Maus nachdachte, fing er sogar an, wie eine rote Ampel zu leuchten und alle Elefanten staunten. Am nächsten Tag wusste es der ganze Urwald: Wenn man Elo ärgert, wird er rot wie eine Tomate und fängt sogar an zu leuchten.

Als Elo bei den Affen vorbeilief, riefen alle: „Elo, Belo, Celo!" und Elo wurde wieder rot. Wütend rannte er weiter zu den Löwen. Die riefen: „Seht nur, da kommt Elo – der rote Elefant!" Und Elo wurde noch roter. „Oh", riefen die Vögel, „schaut nur, er sieht aus wie ein leckerer, leuchtender Apfel. Hmmmmmmmm!!!" Schnell rannte Elo in eine dunkle Höhle, damit ihn niemand mehr sehen konnte. Als Elo eintrat, erleuchtete sogar die Höhle in einem flammenden Rot. Dennoch schlief er schnell ein, weil Sich-Ärgern sehr müde macht.

Am nächsten Morgen war er wieder grau. Als er aus der Höhle kam, traf er seine kleine Schwester Lilo. Sie hatte die ganze Nacht nach Elo gesucht. Lilo rief: „Elo, da bist du ja. Ich habe die ganze Nacht nach dir gesucht." Da erzählte Elo ihr, was ihm alles passiert war: Von der Maus, von den Affen, den Löwen und den Vögeln und dass er so rot leuchtet, wenn er sich ärgert. Dabei wurde Elo ganz traurig. Da sprach seine Schwester Lilo: „Oh weh Elo, das ist doch alles gar nicht schlimm. Du bist doch ein großer Elefant und da ärgerst du dich über eine kleine Maus? Oder über die frechen Affen, die sich immer über andere lustig machen? Über die Vögel und die Löwen? Armer Elo, wenn wir großen Elefanten uns ständig über jedes andere Tier ärgern würden, dann würden wir alle so leuchten wie du. Aber rate mal, warum wir Elefanten so eine dicke Haut haben?" Elo überlegte und meinte: „Ich weiß es nicht." Lilo flüsterte: „Wir haben so eine dicke Haut, damit wir uns über nichts, über gar nichts zu ärgern brauchen. Und wenn dich beim nächsten Mal jemand ärgert, stell dir doch einfach vor, dass durch deine dicke Haut gar nichts hindurchgeht. Und das klappt." „Das klappt?", fragte Elo unsicher. „Das klappt ganz bestimmt", erwiderte Lilo mit fester Stimme.

Als die beiden Elefanten so liefen, kamen sie bei den Vögeln vorbei. Die schrien: „Hallo Elo, Belo, Celo, leuchte doch mal!" Und schon wollte sich Elo wieder richtig ärgern. Sein Rüssel und seine Ohren begannen schon rosa anzulaufen. Da erinnerte er sich an den Tipp seiner Schwester Lilo und sagte zu sich selbst: Pah, ich habe die dickste Haut auf der ganzen Welt, ihr Vögel könnt mich gar nicht ärgern. Und was meint ihr, was geschah ...?

Elo wurde ganz schnell wieder so grau wie vorher. Alle Vögel schnatterten: „Habt ihr das gesehen? Elo leuchtet nicht mehr. Er lässt sich nicht mehr ärgern." Dann kamen sie bei den Löwen vorbei. Auch die wollten sich einen Spaß machen und riefen: „He, Elo leuchte doch mal für uns, es ist so dunkel, hahahaha." Oh, ein wenig musste sich Elo schon über die Löwen ärgern, doch diesmal wurde nur noch die Spitze seines Rüssels rosa. Wieder sprach Elo zu sich selbst: Ha, ihr kleinen Löwen, ich habe die dickste Haut auf der Welt, ihr könnt mich gar nicht ärgern. Da wurde der Rüssel sogleich wieder grau. Als sie bei den Affen vorbeikamen, schaute Lilo ihren Bruder prüfend an. Würde er es schaffen, sich von den Affen nicht ärgern zu lassen? Was meint ihr?

Schon schrien die Affen im Chor: „Elo ist rot, Elo ist rot, leuchtet wie ein Butterbrot." Da lachte Elo und antwortete: „He, ihr Affen, ich glaube, ihr könnt nicht richtig sehen. Wo bitte schön bin ich rot? Und seit wann können denn Butterbrote leuchten?" Da waren die Affen zum ersten Mal in ihrem Leben sprachlos. Dann wunderten sie sich nur noch: Was ist denn mit Elo los, den kann man ja gar nicht mehr ärgern, komisch. Schließlich kamen sie am Haus der kleinen Maus vorbei. Die rief: „Hallo Elo, Belo, Celo, Delo." Da lachte Elo und antwortete: „Hallo Maus, Saus, Braus, Laus!", und marschierte fröhlich weiter.

Am Abend sprach Lilo zu ihrem großen Bruder: „Weißt du was, Elo?" „Nein", antwortete Elo. „Ich bin ganz schön stolz auf dich, Bruder. Du bist heute nämlich ein richtig großer Elefant geworden."

Und wisst ihr, was da geschah? Diesmal begannen Elos Ohren ganz bunt zu leuchten, aber nicht vor Ärger, sondern weil er sich sehr freute.

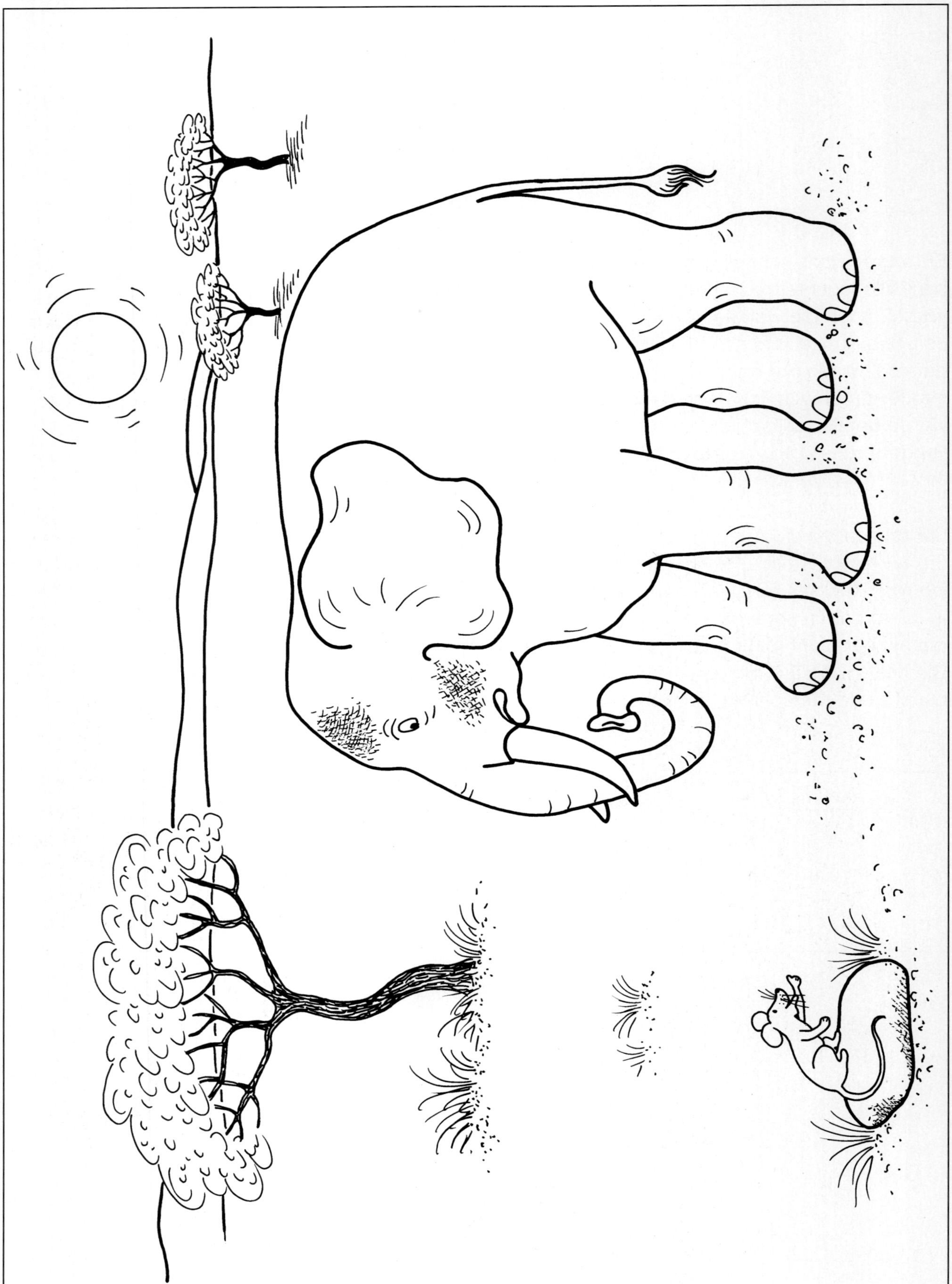

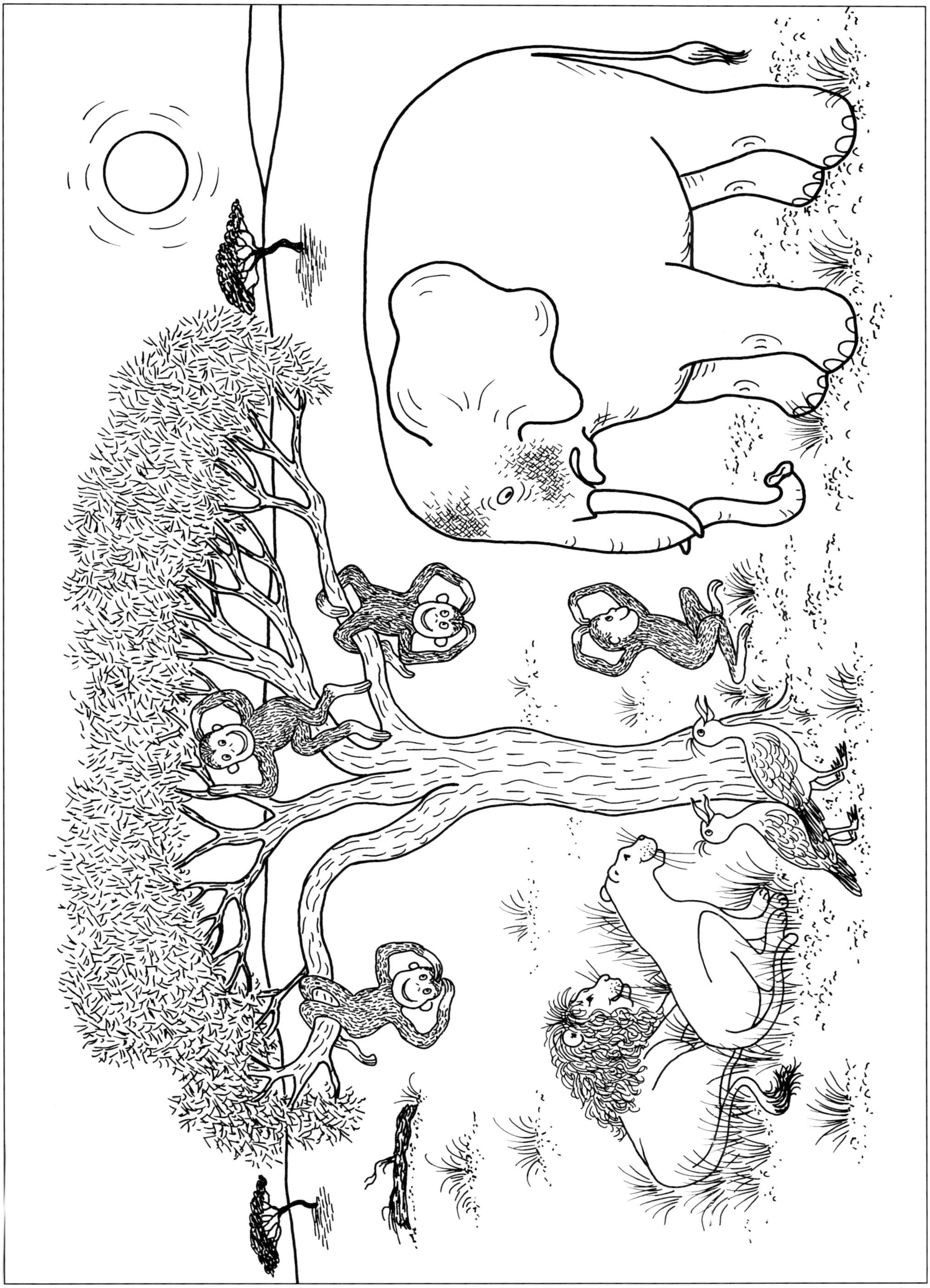

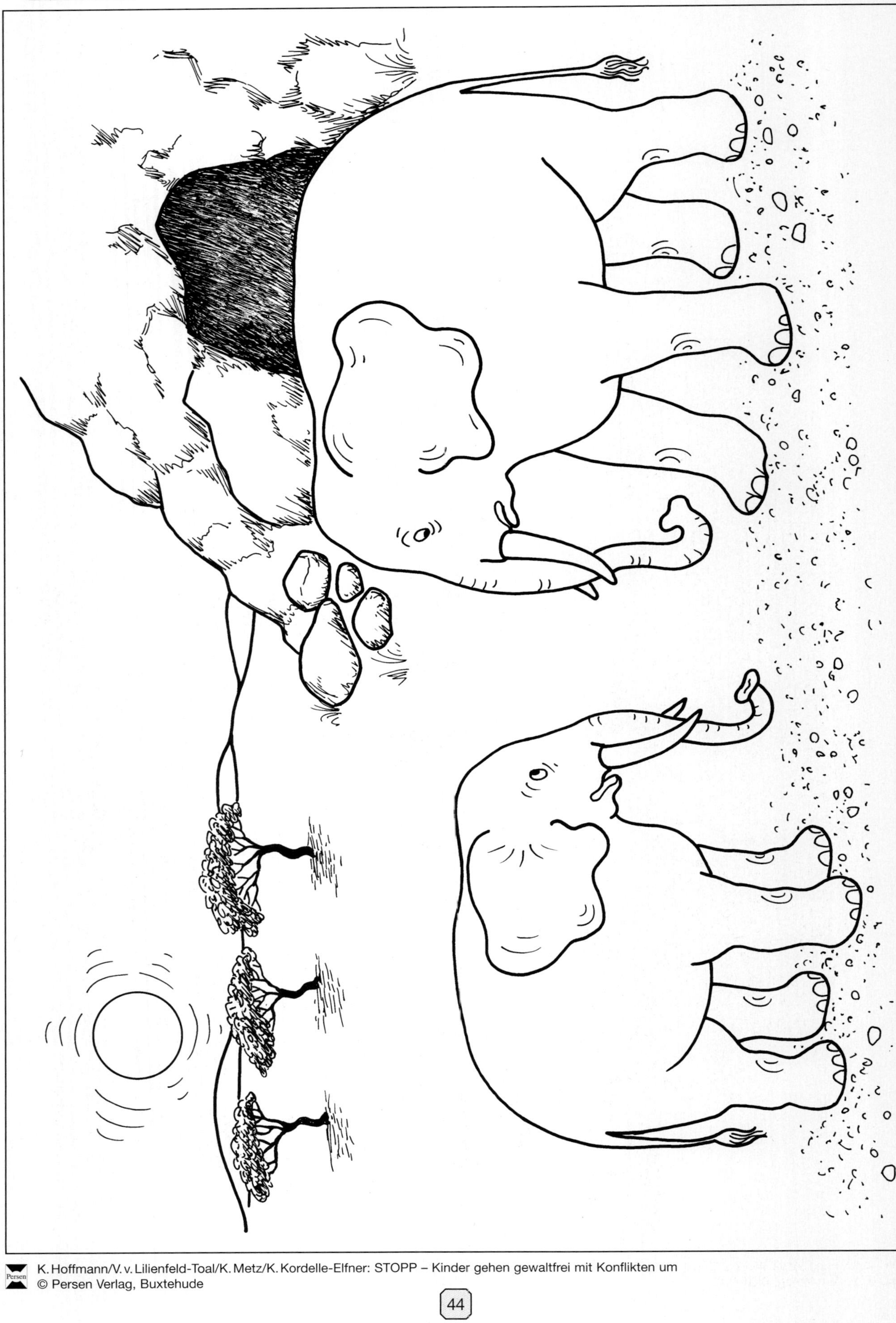

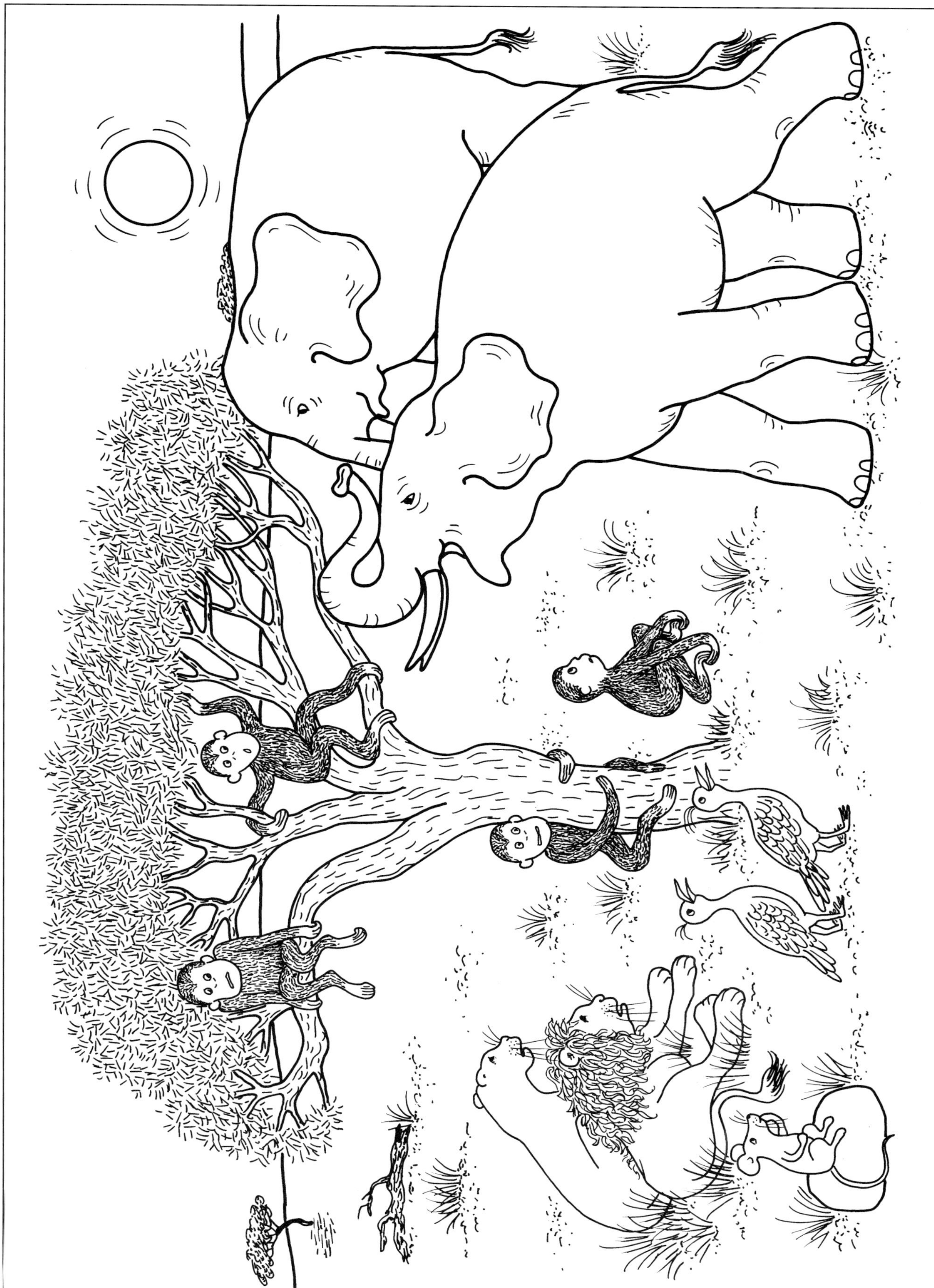

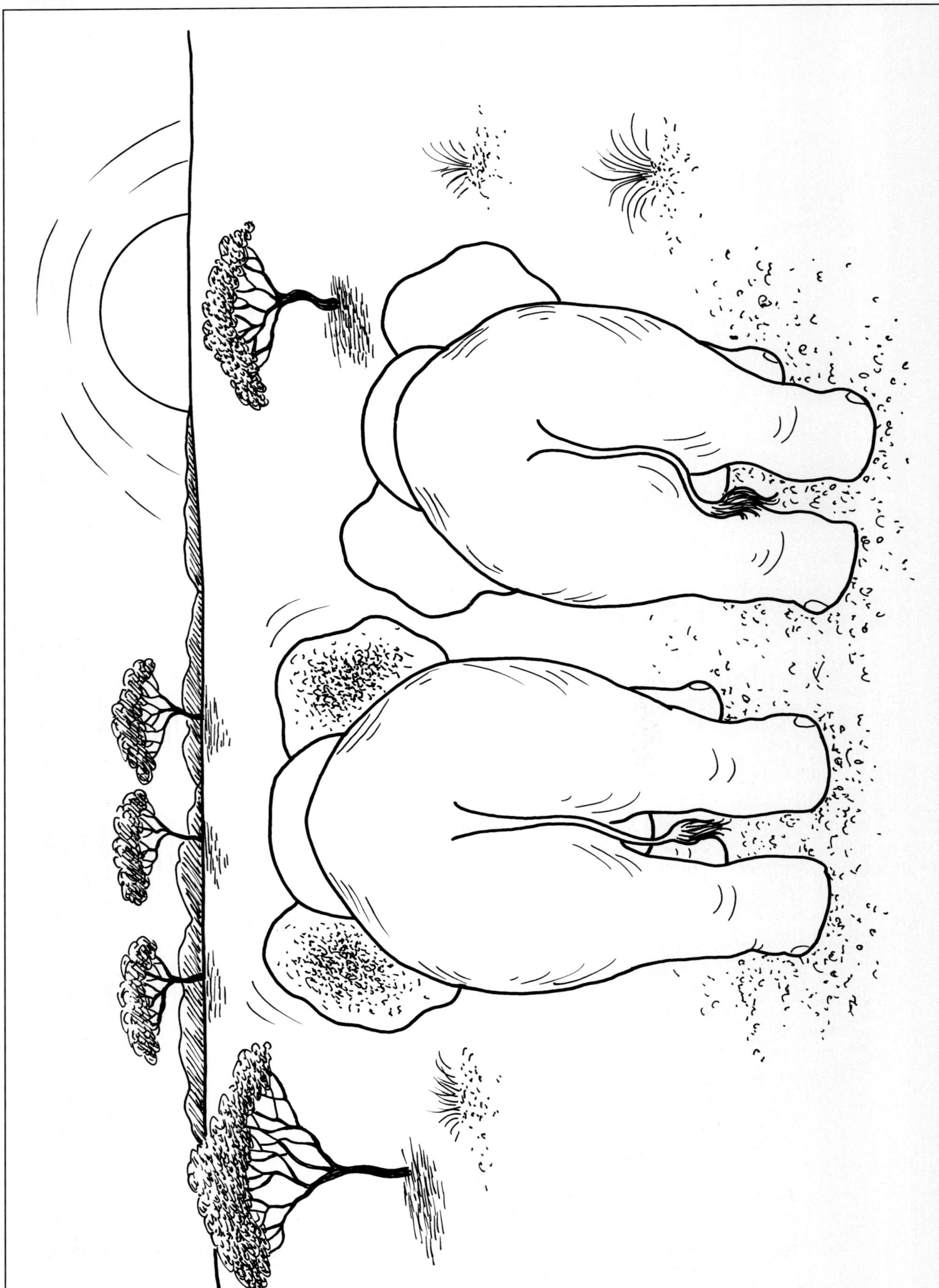

Bastelarbeit:
Elo – unser Klassenelefant mit der dicken Haut

Ziel:

Die Kinder lernen eine Identifikationsfigur als Symbol für die Regel „Cool bleiben!" in der Klasse kennen.

Vorgehen:

- Der Lehrer greift den Begriff der „dicken Haut" auf.
- Eine Überleitung macht deutlich, dass die Kinder auch eine „dicke Haut" brauchen. Diese hilft ihnen, wenn sie sich ärgern.
- Dem Elefanten Elo wird symbolisch die „dicke Haut" stellvertretend für alle Kinder gegeben.
- Die Kinder gestalten die „dicke Haut" des Elefanten Elo als Gemeinschaftsarbeit, indem sie verschiedene Materialien zurechtschneiden und aufkleben.
- Es bietet sich an, Gruppen zu bilden, die jeweils einzelne Abschnitte des Elefanten (Bauch, Beine etc.) gemeinsam bekleben.

Material:

- Kopiervorlage: Elefant Elo (vergrößert auf DIN A3/DIN A2)
- Verschiedene Materialien für die „dicke Haut" (besonders geeignet sind Lederreste, dicke Stoffreste wie Kord, Samt)
- Bastelscheren, Kleber

Dauer:

30–40 Minuten (je nach Größe des Elefanten)

Tipps:

- Anstatt eines „Klassenelefanten" kann auch jedes Kind seinen eigenen Elefanten Elo mit der dicken Haut basteln.
- Diese können dann auch zu einem Klassenplakat gestaltet werden.

Elefant Elo

Elefantenlied

Ziel:

Die Kinder wiederholen die Intention der Einheit nochmals auf einer anderen Ebene. Gleichzeitig dient die Musik unserem Anspruch, die Kinder ganzheitlich an die Thematik heranzuführen.

Vorgehen:

- Die Klasse studiert gemeinsam das Lied ein.
- Kinder, die bereits lesen können, erhalten das Textblatt.
- Zum Liedtext werden entsprechende Bewegungen einstudiert.

Material:

- Kopiervorlage: Was müssen das für Tiere sein (Liedtext)

Dauer:

15–20 Minuten

Tipps:

- Beherrschen die Kinder Text und Bewegungen, können sie beim Singen im Raum herumlaufen oder stampfen.
- Die Bewegungen sind auch in verteilten Rollen möglich: Einige Kinder spielen die Tiere, die den Elefanten ärgern, andere den Elefanten, der sich nicht ärgert.

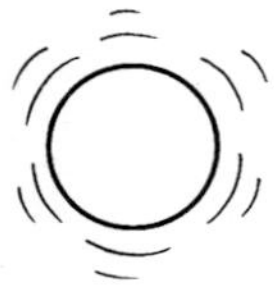

Was müssen das für Tiere sein

Was müssen das für Tiere sein,
die tagelang in Afrika spazieren gehn
ohne sich zu ärgern.
Rechts sind Affen, links sind Vögel
und dazwischen auch noch Löwen.
Doch die großen Elefanten,
sie bleiben cool
ohne sich zu ärgern.

Nach der Melodie von dem Lied
„Was müssen das für Bäume sein"

4.3 Drohende Konflikte stoppen

Wenn es mir zu viel wird, sage ich „Stopp“! – Die STOPP-Hand hilft!

Bausteine:

1. Befindlichkeiten aufzeigen: Ich fühle mich heute ...
2. Gefühlspantomime: Auf welchem Planeten sind wir?
3. Rollenspiele: Die Zauberhand
4. Herstellen einer Zauberhand
5. Verhaltenstraining: Wenn jemand „Stopp“ sagt, bleibe ich weg!
6. Klassenvertrag

Gewaltpräventive Ziele:

Die Schüler lernen Verhaltensregeln kennen, wie sie eine sich anbahnende Konfliktsituation erkennen und rechtzeitig abwenden können.

Die Bausteine sollen den Kindern die „Stopp“-Regel einsichtig machen, sie als gültiges Verhaltensmuster in der Klasse installieren und den Umgang mit ihr trainieren.

Methodisch-didaktische Überlegungen:

Die ersten beiden Bausteine zielen nicht direkt auf die Erarbeitung der Verhaltensregeln, sondern greifen unterschiedliche Befindlichkeiten, die in der Klasse täglich zusammentreffen, auf. Den Kindern soll durch diesen Zugang nochmals deutlich werden, wie sich die Gefühlslagen Einzelner auf das eigene Verhalten (Gefühlspantomime) und auf die Klassenatmosphäre auswirken können („Ich fühle mich heute ...“).

Bei der Erarbeitung der Verhaltensregel „Wenn es mir zu viel wird, sage ich ‚Stopp‘“ gehen wir von alltäglichen Situationen der Kinder aus.

- Beim Nachspielen alltäglicher Konfliktsituationen werden bei den Kindern die Emotionen hervorgerufen, die zum Einsatz der Stopp-Regel führen sollen. Durch die konkrete Handlung im Spiel wird auch deutlich, dass die „Stopp“-Rufer von ihrem Verhalten her nicht provozierend waren. Dies ist eine wichtige Voraussetzung, um „Stopp“ rufen zu dürfen (Rollenspiel).
- Mit dem Herstellen einer eigenen Zauberhand geben wir den Kindern ein Symbol, das sie als Vermittler in Konfliktsituationen einsetzen können. Dieser „Schutz“ dient vor allem jüngeren und schüchternen Kindern, um sich nicht durch den Einsatz ihrer Persönlichkeit wehren zu müssen.
- Mit dem Stopp-Training wird das richtige Verhalten und die richtige Reaktion mit den Kindern eingeübt. Dabei erfahren die Kinder die Relativität von Grenzen am konkreten Beispiel: Es ist ganz individuell, ab wann sich jemand bedroht oder unwohl fühlt und „Stopp“ ruft. Individuelle Grenzen müssen akzeptiert werden, um Konflikte zu vermeiden.
- Der Klassenvertrag soll den Kindern die Verbindlichkeit der Regeln deutlich machen. Wichtig dabei ist die eigene Entscheidung, diese Regeln anwenden und beachten zu wollen. Wenn sich ein Kind dazu (noch) nicht in der Lage fühlt, soll man es nicht zum „Unterschreiben“ des Vertrags zwingen. Nur dann wird den Kindern die Bedeutung eines Vertrags klar. Der Vertrag dient auch als Erinnerungsstütze und Symbol für diese Regel.

Befindlichkeiten aufzeigen:
Ich fühle mich heute ...

Ziel:

Die Kinder bringen ihre eigene Befindlichkeit zum Ausdruck und lernen es, auf die anderen Rücksicht zu nehmen.

Vorgehen:

- Die Kinder sammeln sich vor einem Plakat, auf dem zwei Gesichter abgebildet sind: ein fröhliches und ein trauriges.
- Jedes Kind klebt nun einen großen Klebepunkt unter das Gesicht, das seinem Befinden am ehesten entspricht und sagt dabei den Satz: „Ich fühle mich heute ...“.
- Die Kinder können ihre Wahl begründen, müssen es aber nicht. Die anderen geben keine Kommentare ab.

Material:

- Kopiervorlage: Heute fühle ich mich ...
  (Plakat mit beiden Gesichtern auf DIN A3 kopieren, evtl. durch Tonpapier verstärken)
- für jedes Kind einen roten Klebepunkt

Dauer:

15–20 Minuten

Tipps:

- Auf dem Plakat kann auch ein drittes, „neutrales“ Gesicht von den Kinder ergänzt werden.
- Wenn das Plakat mehrmals benutzt werden soll, können den Kindern Wäscheklammern in die Hand gegeben werden, die sie an das entsprechende Gesicht heften.
- Bei der Einführung ist es sinnvoll, mit den Kindern zu besprechen, wie man Rücksicht auf Kinder nehmen kann, denen es schlecht geht.

Heute fühle ich mich …

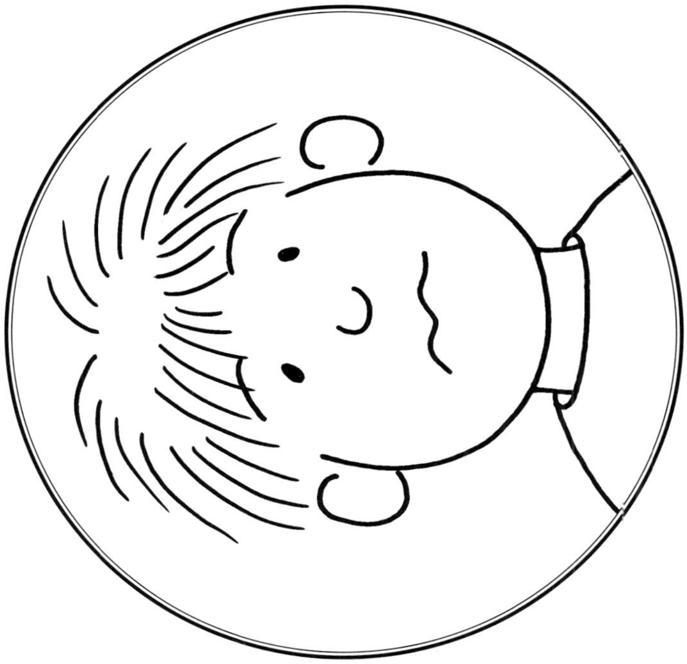

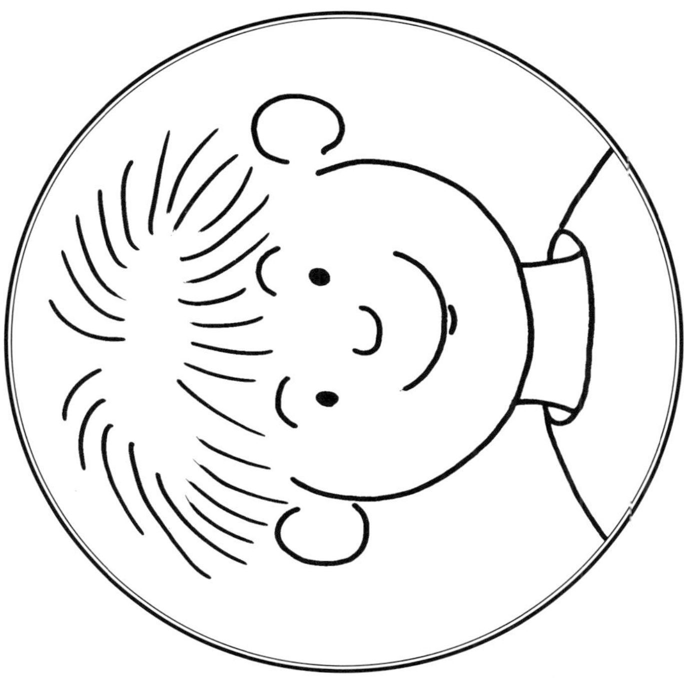

Gefühlspantomime: Auf welchem Planeten sind wir?

Ziel:

Die Kinder lernen, Gefühle pantomimisch auszudrücken und bei anderen zu erkennen.

Vorgehen:

- Dieses Spiel ist eine Fortführung der Fantasiereise zu den Gefühlsplaneten (siehe Seiten 35/36).
- Die Kinder sitzen im Kreis, ein Kind geht vor die Tür.
- Die anderen überlegen sich, auf welchen Planeten sie reisen wollen. Sie entscheiden sich für ein bestimmtes Gefühl.
- Alle Kinder nehmen eine entsprechende Haltung ein und zeigen die dazu gehörende Mimik und Gestik.
- Das Kind kommt herein und muss erraten, auf welchem Gefühlsplaneten sich die Klasse gerade befindet.

Material:

- keins

Dauer:

5–10 Minuten

Tipp:

- Da dieses Spiel eine Fortführung der „Reise auf den Gefühlsplaneten" des Themas „Umgang mit Provokationen" ist, empfehlen wir eine Kombination dieser Fantasiereise mit dem Ratespiel.

Rollenspiele:
Die Zauberhand

Ziel:

Die Kinder üben kleine Rollenspiele ein und führen sie vor. Dabei lernen sie, Grenzen zu setzen und zu akzeptieren, nach dem Motto: Wenn es mir zu viel wird, sage ich „Stopp“.

Vorgehen:

- Die Kinder spielen kleine Szenen aus dem Alltag, in denen ein Kind bedrängt, bedroht oder geärgert wird.
- Die Szenen enden mit dem Einsatz der Zauberhand: Das bedrohte, geärgerte Kind zieht eine Zauberhand aus der Tasche und ruft „Stopp“.
- Die anderen Kinder reagieren auf das „Stopp“ und hören sofort auf.
- Die Kinder beschreiben in einem anschließendem Gespräch die Situation, in der ein Kind das Recht hat, „Stopp“ zu rufen und die Zauberhand einzusetzen: Wenn es sich von anderen bedroht fühlt und Angst bekommt. Die Voraussetzung ist, dass das Kind nicht selbst die anderen provoziert hat.

Material:

- Kopiervorlage: Die Zauberhand (Szenen)
- Evtl. Requisiten

Dauer:

25–30 Minuten

Tipps:

- Bei der Durchführung sollten die Szenen sehr kurz und überschaubar gestaltet werden, sodass möglichst viele Kinder ohne langes Üben in der Lage sind, an dem Rollenspiel teilzunehmen.
- Besonders wichtig ist, dass die Kinder begreifen, in welchen Situationen sie das „Stopp“ benutzen dürfen. Erschrecken Sie nicht, wenn Sie anfangs aus allen Richtungen und zu jeder Gelegenheit „Stopp“-Rufe hören: Die Kinder probieren diese neue Handlung sehr intensiv aus! Klären Sie immer wieder mit den Kindern, ob der Einsatz in dieser Situation richtig war oder nicht. Mit der Zeit benutzen die Kinder dieses Symbol richtig und es hilft allen Beteiligten, Konflikte rechtzeitig zu stoppen.

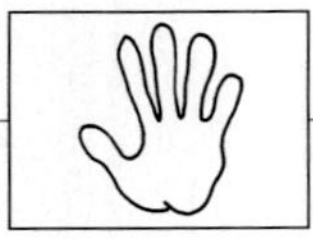

Die Zauberhand (Szenen)

Personen: in jeder Szene drei Kinder

Requisiten:
- eine Federtasche
- drei Schultaschen
- ein Tisch, ein Stuhl
- eine große Stopp-Hand aus rotem Papier

Vorstellung: Wir möchten euch drei kurze Geschichten vorspielen. Vielleicht kennt ihr sie schon. Es sind Geschichten, wie sie jeden Tag bei uns in der Schule vorkommen.

1. Szene
(Szene spielt nach der Hofpause im Klassenzimmer)

Kind 1: He, guck mal, der Peter hat ein neues Mäppchen.
Kind 2: Zeig mal! Ob man mit dem auch Fußball spielen kann?
Hier her! Achtung! Pass!

Die Kinder schießen das Mäppchen hin und her.
Das dritte Kind betritt die Bühne.

Kind 3: He, was macht ihr denn mit meinem Mäppchen? Das ist mein neues Mäppchen.

Kind 1 und 2 spielen sich das Mäppchen zu.
Kind 3 rennt verzweifelt zwischen den Kindern hin und her und versucht, das Mäppchen zu erhaschen.

Kind 3: *(den Tränen nahe)*
Gebt mir mein Mäppchen her.
Ich habe es von meiner Mutter bekommen.
Ich will mein Mäppchen.

*Völlig verzweifelt zieht Kind 3 seine Stopp-Hand hervor und hält diese sehr bestimmt hoch und ruft laut und deutlich **„Stopp!“**.*
Sofort stehen Kind 1 und 2 wie erstarrt.

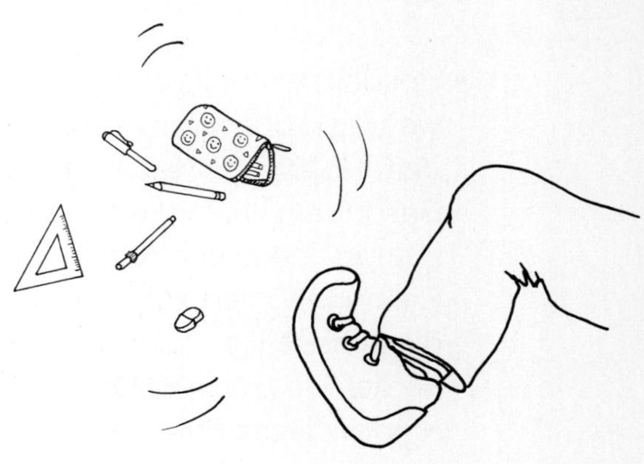

2. Szene
(Szene spielt in der Hofpause, ein Kind steht etwas abseits und isst sein Pausenbrot, zwei Kinder stehen zusammen)

Kind 1: Oh, mir ist so langweilig!
Kind 2: Und so ein blödes Wetter ist heute. Was machen wir denn? Guck mal, wer steht denn da drüben? Das ist doch der Peter. Der hat gestern deine Schwester geärgert. Komm, lass uns mal hingehen.

Die beiden Kinder gehen drohend zu Kind 3 und bauen sich vor ihm auf.

Kind 1: He, glotz nicht so blöd. Du hast gestern seine Schwester geärgert.
Kind 3: Nee, habe ich nicht.
Kind 2: Doch, ich habe es doch gesehen. Wenn du das noch einmal machst, dann hole ich meinen großen Bruder.

Kind 1 und 2 gehen weiter drohend auf das Kind 3 zu. Dieses weicht immer weiter zurück, bis es schließlich an einer Wand steht. Kind 3 hat offensichtlich Angst.

Kind 3: Lasst mich in Ruhe. Ich habe deine Schwester nicht geärgert.
Kind 2: Hast du wohl. Mein Kumpel zeigt dir, was passiert, wenn du das noch mal machst. Ich kann es dir aber auch zeigen.

Kind 2 baut sich auf und knöpft seine Jacke auf.
*Voller Angst zieht Kind 3 seine Stopp-Hand vor und ruft laut und deutlich **„Stopp!"**.*
Sofort stehen Kind 1 und 2 wie erstarrt.

3. Szene
(Szene spielt auf dem Schulweg, drei Kinder mit Schulranzen)

Kind 1 und 2 rennen hinter Kind 3 her.

Kind 1: He, warte mal!
Kind 2: Jetzt bleib doch mal stehen.

Schließlich holen sie Kind 3 ein und halten es an.

Kind 1: Gib mir meine Pokémon-Karten wieder!
Kind 3: Was wollt ihr von mir? Lasst mich in Ruhe!
Kind 2: Halt! Ranzen runter. Wir wollen doch mal sehen, ob du die Karten nicht im Ranzen hast.
Kind 3: *Zu Kind 1*
Du hast mir die Pokémon doch geschenkt.
Kind 1: Habe ich gar nicht.
Kind 3: Doch, hast du wohl. Die kriegst du nicht wieder.

Kind 1 und 2 gehen drohend auf Kind 3 zu.
Kind 3 versucht zu flüchten, stolpert und fällt hin.
Kind 1 und 2 beugen sich aggressiv über das Kind.
Voller Angst zieht Kind 3 seine Stopp-Hand vor und ruft laut und deutlich ***„Stopp!“****.*
Sofort stehen Kind 1 und 2 wie erstarrt.

Herstellen einer Zauberhand

Ziel:

Die Kinder basteln sich ihr eigenes „Stopp“-Symbol, das sie einsetzen können.

Vorgehen:

- Jedes Kind malt seine eigene Hand auf Tonpapier.
- Die Hände werden ausgeschnitten.
- Nun kann jede Hand mit buntem Material in eine Zauberhand verwandelt werden.
- Besonders auffällig wird die Zauberhand, wenn sie mit glänzendem Material gestaltet wird.

Material:

- bunte Papier-, Stanniolreste etc.
- Scheren, Kleber

Dauer:

20–30 Minuten

Tipp:

- Einer dauerhaften Nutzung halten diese Hände nicht stand. Eine gute Alternative für die Pause ist ein „Stopp“-Stempel mit einer kleinen Hand als Symbol. Dieser wird den Kindern vor der Hofpause in die Handfläche gedrückt. Man kann den Stempel relativ leicht aus einem kleinen Holzklotz und etwas Moosgummi herstellen.

Verhaltenstraining:
Wenn jemand „Stopp“ sagt, bleibe ich weg

Ziel:

Die Kinder erfahren eigene Grenzen und die Grenzen anderer und respektieren diese.

Vorgehen:

- Die Klasse wird in zwei Gruppen geteilt.
- Die Kinder stellen sich in zwei Reihen gegenüber auf, sodass jedes Kind einen Partner gegenüber hat. Der Abstand sollte 5–6 Meter betragen.
- Ein Kind läuft in einer bestimmten Körperhaltung (wird angesagt) auf seinen Partner zu. Sobald das andere Kind anfängt, sich nicht mehr wohl zu fühlen, ruft es laut: „Stopp“, und zeigt seine Stopp-Hand. Das andere Kind muss sofort stehen bleiben.
- Beide sollen die Situation einen Moment auf sich wirken lassen (Augenkontakt).
- Danach geht das Kind, das sich genähert hat, wieder auf seine Ausgangsposition zurück und das nächste Paar ist an der Reihe.
- Die Kinder erhalten verschiedene Aufträge: langsam und mit nettem Gesichtsausdruck gehen, wütend und aggressiv auf den anderen losgehen, wie ein Angeber auf den anderen zugehen etc.

Material:

- Stopp-Hände

Dauer:

20–30 Minuten

Tipps:

- Achten Sie darauf, dass die Kinder laut, deutlich und ernsthaft „Stopp“ rufen. Wenn ein Kind es nicht tut, muss das andere Kind auch nicht stehen bleiben. Lassen Sie ein Kind ruhig mehrmals „Stopp“ rufen, bis es überzeugend klingt.
- Stellen Sie Stühle in zwei Reihen auf und lassen Sie die äußeren zwei Kinder mit dem Stopp-Spiel anfangen. So haben Sie eine Kontrolle über den Erfolg und die anderen rennen nicht herum.
- Eine Schlussrunde ist sehr interessant: Was fanden die Kinder am unangenehmsten? Wer konnte am überzeugendsten „Stopp“ rufen? Was müssen wir noch üben?

Klassenvertrag

Ziel:

Der Klassenvertrag soll bei den Kindern die Verbindlichkeit der Regeln im Umgang miteinander gewährleisten.

Vorgehen:

- Die Regeln werden mit allen Kindern noch einmal besprochen.
- Sie werden als Satzstreifen auf das große „Stopp"-Plakat geklebt.
- Das passende Symbol wird (möglichst groß kopiert) dazugeklebt.
- Was ist ein Vertrag? Die Ernsthaftigkeit eines Vertrages muss allen Kindern klar sein.
- Alle Kinder, die sich an die Regeln halten wollen, besiegeln diesen Klassenvertrag durch einen Handabdruck auf dem Stopp-Zeichen.

Material:

- Kopiervorlage: Unser Klassenvertrag (mit Satzstreifen und Symbol)
- Fingerfarben
- Schere/Kleber

Dauer:

30–45 Minuten

Tipps:

- Wenn Sie Kinder in der Klasse haben, die während der Übungen und während der Regelbesprechung immer wieder auffallen, weil sie „quertreiben", die Regeln nicht richtig anwenden oder sich darüber lustig machen, schließen Sie sie vom Vertragsschluss vorläufig aus.
- Ein Vertrag macht nur Sinn, wenn allen seine Bedeutung klar ist. Wenn sich ein Kind nicht an die Regel halten kann oder will, braucht es offensichtlich noch Zeit und Übung. In einem Klassengespräch lässt sich klären, wie man mit diesen Kindern weiter vorgehen will.
- Die Arbeit mit dem Klassenvertrag ist ein besonders gewichtiger Baustein und sollte dementsprechend gestaltet werden. Zu empfehlen ist auch, sich zunächst mit dem Komplex **4.4 Miteinander reden** zu beschäftigen und den Klassenvertrag als abschließende Einheit zu „besiegeln". Dazu könnte dann bereits der Vertrag, der für die Klassenstufe 3/4 vorgeschlagen wird (siehe S. 129), genutzt werden.

Unser Klassenvertrag

Wenn mich jemand ärgert, bleibe ich cool!

Wenn es mir zu viel wird, sage ich „Stopp!“

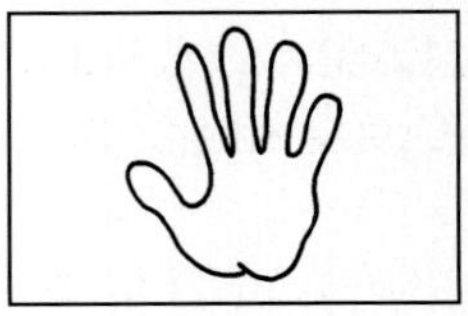

4.4 Miteinander reden

Wenn mich jemand nervt, sage ich ihm das ohne Schimpfwörter

Bausteine:

1. Malen zu Musik
2. Mein schlimmstes Schimpfwort sage ich nur leise ...
3. Schimpfwörter mit Pfeilen aufspießen
4. Ohne Schimpfwörter sage ich es so
5. Theaterstück: Tom ist nicht der Größte

Gewaltpräventive Ziele:

Diese Bausteine sollen den Kindern bewusst machen, dass Schimpfwörter verletzen und deshalb aggressives Verhalten hervorrufen können. Die Kinder erkennen, dass Wörter, die für sie selbst „harmlos“ erscheinen, von anderen als verletzend empfunden werden. Die schlimmsten Schimpfwörter der Klasse sollen gesammelt und symbolisch vernichtet werden, sodass sie aus dem aktiven gemeinsamen Wortschatz der Klasse „verbannt“ sind.

Methodisch-didaktische Überlegungen:

Die Bausteine greifen den alltäglichen Gebrauch von Schimpfwörtern auf und führen den Kindern ihre verletzende Wirkung und ihre negativen Folgen vor Augen. Den Kindern muss bewusst werden, dass sie andere nicht durch verbale Attacken provozieren dürfen. Dies ist eine notwendige Ergänzung unseres Ansatzes: Wenn mich jemand ärgert, bleibe ich cool – ich brauche eine dicke Haut.

- Der erste Baustein ermöglicht den Kindern, akustische Signale als angenehm oder unangenehm zu interpretieren und ihre Wahrnehmung in einem Bild auszudrücken (Malen nach Musik).
- Darüber wird den Kindern der Transfer ermöglicht, dass auch verbale Äußerungen bei jedem Menschen positive oder negative Emotionen und Handlungen hervorrufen können.
- Das Sammeln und die symbolische Vernichtung der Schimpfwörter hilft den Kindern, sich an die Regel „Wenn mich jemand nervt, dann sage ich ihm das ohne Schimpfwörter“ zu erinnern und zu halten.
- Formulierungshilfen unterstützen eine schimpfwörterfreie Gesprächskultur in der Klasse.

Malen zu Musik

Ziel:

Die Kinder lernen eine weitere Ausdrucksmöglichkeit von Gefühlen kennen, nehmen die Gefühle in der Musik wahr und lassen sie auf sich wirken. Sie erfahren, wie sich die Gefühle in Farben und Linien umsetzen lassen.

Vorgehen:

- Die Schüler erhalten ein leeres DIN-A3-Blatt. Ein großes Papierformat ist wichtig, damit die Schüler sich nicht auf die Umrisse des Papiers konzentrieren müssen.
- Malutensilien werden bereitgestellt.
- Nacheinander werden verschiedene Musikstücke vorgespielt.
- Die Musikstücke sind so zu wählen, dass sie das Spektrum von ruhigen, gefühlvollen Stücken bis hektisch, unruhigen Stücken abdecken.
- Die Kinder lassen diese zunächst auf sich wirken und schwingen evtl. zur Musik in der Luft.
- Der Lehrer gibt dazu anfangs eine Anleitung: „Schließe die Augen, was siehst du in deinem Kopf, wenn du die Musik hörst?“ etc.
- Im nächsten Schritt bringen die Schüler die Musik auf das Papier.
- Als Lehrer muss man deutlich machen, dass das ganze Papier benutzt werden kann. Dabei sollte für jedes Musikstück ein leeres Blatt (auch Vorder- und Rückseite) zur Verfügung stehen.
- Am Ende sucht sich jedes Kind eines seiner Bilder aus und äußert sich dazu.

Material:

- Musikkassette oder CD
- DIN-A3-Papier
- Malutensilien (Wasserfarben, Pinsel, Wasser, Wachsmalstifte etc.)

Dauer:

25–30 Minuten (je nach Länge der Musikstücke)

Tipps:

- Über die Anzahl der Musikstücke entscheidet jeder Lehrer selbst. Jedoch sollten es nicht mehr als sechs Stücke sein.
- Wasserfarben eignen sich am besten, weil sie das Schwingen und großzügige Malen besonders gut ermöglichen.
- Mit Wachsmalstiften neigen die Kinder dazu, sich sehr an Reihen und bereits bekannten Zeichen zu orientieren.
- Auch Schwämmchen eignen sich sehr gut für das Malen zu Musik, da diese losgelöst sind von dem „schulischen“, d.h. vorgegebenen Malen.

Mein schlimmstes Schimpfwort sage ich nur leise ...

Ziel:

Den Kindern wird bewusst, welche Schimpfwörter sie am schlimmsten verletzen. Gleichzeitig erkennen sie, dass die Schimpfwörter, die verletzen, für jedes Kind auch ganz verschieden sein können.

Vorgehen:

- Die Kinder sitzen im Kreis.
- Jedes Kind soll sich ein Schimpfwort überlegen.
- Es sollte ein Schimpfwort sein, das das betreffende Kind besonders schlimm findet; ein Schimpfwort, das ihm besonders weh tut.
- Um eine ernsthafte Auseinandersetzung zu ermöglichen wird vereinbart, dass niemand über die genannten Wörter lachen darf.
- Da geflüsterte Worte bewusster gesprochen werden, wird das Schimpfwort nur leise gesagt.
- Der Lehrer schreibt die genannten Wörter auf ein Blatt Papier.
- Am Schluss wird das Plakat dann aus dem Klassenraum „verbannt".

Material:

- ein großes Blatt Papier

Dauer:

10–15 Minuten

Tipps:

- In Klasse 2 kann das schlimmste Schimpfwort auch aufgeschrieben und anschließend an die Tafel geheftet oder auf ein Plakat geklebt werden.
- Der Lehrer kann die Schimpfwörter auch an die Tafel schreiben und den nächsten Baustein „Schimpfwörter mit Pfeilen aufspießen" daran anknüpfen.

Schimpfwörter mit Pfeilen aufspießen

Ziel:
Die Kinder erkennen, dass Schimpfwörter wie Pfeile verletzen können und vernichten sie symbolisch durch das Aufspießen auf Pfeile. Danach können die Schimpfwörter nicht mehr benutzt werden.

Vorgehen:
- Lehrer stellt die Assoziation zwischen Schimpfwörtern und Pfeilen her: Schimpfwörter verletzen genauso wie Pfeile.
- Kinder basteln Pfeile.
- In Anlehnung an Indianerpfeile werden sie mit verschiedenen Materialien geschmückt.
- Jedes Kind braucht dazu einen dünnen Holzstab.
- An diesen Holzstab wird eine Spitze aus Tonpapier geklebt.
- Der Pfeil kann mit buntem Papier, Perlen, Federn etc. geschmückt werden.
- Haben alle Kinder ihre Pfeile angefertigt, schreibt jedes Kind „sein Schimpfwort" auf ein Stück Papier und spießt dieses auf den Pfeil.
- Nun sind alle schlimmen Schimpfwörter aufgespießt, können nicht mehr gesagt werden und damit niemanden mehr verletzen.

Material:
- pro Kind einen Holzstab
- Kopiervorlage: Pfeilspitzen für „Schimpfwörterpfeile"
- Verschiedene Materialien zum Gestalten der Pfeile: Tonpapier, Bastelfolie, Federn, Perlen etc.
- Zettel für die Schimpfwörter
- Schere/Kleber

Dauer:
20–30 Minuten

Tipps:
- In der 1. Klasse können die Schimpfwörter nach der Anlauttabelle geschrieben werden, denn die Schreibung spielt überhaupt keine Rolle. Es bietet sich auch an, dass der Lehrer die Schimpfwörter auf Papier schreibt und diese dann den Kindern zum Aufspießen gibt.
- Um viele Schimpfwörter für die Klasse „zu vernichten", kann jedes Kind sich mehrere Schimpfwörter von der Tafel aussuchen, aufschreiben und auf seinen Pfeil spießen d. h. alle diese Schimpfwörter dürfen nicht mehr gesagt werden.
- Möglich ist es auch, einen großen Klassenpfeil zu basteln, auf den alle Schimpfwörter gespießt werden.
- Die Pfeile können als tägliche Erinnerung von der Klassenzimmerdecke gehängt werden.

Pfeilspitzen für die „Schimpfwörterpfeile“

Ohne Schimpfwörter sage ich es so

Ziel:
Die Kinder sollen lernen, wie sie sich ohne Schimpfwörter durchsetzen können und dabei trotzdem zum Ausdruck bringen, was sie wollen.

Vorgehen:

- Die Kinder befinden sich im Sitzkreis.
- Der Lehrer und ein Kind, das vorher eingeweiht ist, spielen mehrere Szenen aus dem Schulalltag vor (siehe Kopiervorlage).
- Die Szenen werden einmal mit aggressiver Stimme und Inhalt vorgespielt, und ein weiteres Mal wird die inhaltlich gleiche Aussage mit freundlicher, bestimmter Stimme vorgetragen.
- Als Lehrer sollte man in den Szenen immer ein Kind spielen.
- Das eingeweihte Kind reagiert nur in den Szenen auf das Verhalten des Lehrers.
- Nach jeder Szene wird besprochen, wie sie auf die Kinder gewirkt hat. Dabei sollten folgende Fragen angesprochen werden:
  - Bei welcher Anrede fühlt ihr euch besser?
  - Wie kommt man eher an das Ziel?
  - Wie geht eine Situation weiter, in der aggressiv miteinander gesprochen wird?
  - Wie endet eine Szene, in der eine Forderung freundlich aber bestimmt geäußert wird?

Material:

- Kopiervorlage: Ohne Schimpfwörter sage ich es so (Szenen)

Dauer:

15–20 Minuten (je nach Anzahl der vorgespielten Szenen)

Tipps:

- In Klassen, in denen ein gutes Klima herrscht, können Kinder auch unvorbereitet von dem Lehrer mit den Szenen konfrontiert werden. Dabei muss jedoch deutlich werden, dass es sich um gespielte Szenen handelt und der Inhalt nichts mit den betreffenden Schülern zu tun hat.
- Ein weiterer Schritt kann ein Nachspielen dieser oder ergänzender Szenen sein, in denen die Kinder das freundlich bestimmte Auftreten und Äußern üben können.
- Im Schulalltag passieren jeden Tag mehrerer solcher Szenen. Diese kann man immer wieder aufgreifen und sofort umsetzen lassen, sodass die Kinder nach einiger Zeit ein Gespür für die Art der Formulierung bekommen.

Ohne Schimpfwörter sage ich es so (Szenen)

Radiergummi-Szene:

Kind aggressiv: „Hast du schon wieder meinen Radiergummi genommen, ohne mich zu fragen?“

Kind freundlich: „Hast du irgendwo meinen Radiergummi gesehen?“

Treppen-Szene:

Kind aggressiv: „He, du hast mich angerempelt. Geh weg!“

Kind freundlich aber bestimmt: „Kannst du nicht aufpassen? Ich mag das nicht, wenn du mich anrempelst.“

Stuhlkreis-Szene:

Kind aggressiv: „Geh da weg. Das war mein Platz!“

Kind bestimmt: „Da habe ich gesessen. Ich bin nur weggegangen, weil ich etwas wegschmeißen wollte. Ich möchte wieder auf meinen Platz.“

Unsere Szenen:

....

....

....

....

....

....

....

....

....

Theaterstück: Tom ist nicht der Größte

Ziel:

Die Kinder erkennen negative Verhaltensweisen und diskutieren darüber. Sie stellen Assoziationen zu eigenen Alltagssituationen her und leiten aus diesen ihre Lösungsansätze ab.

Vorgehen:

- Das Theaterstück, das die Kinder während dieses Bausteins zu sehen bekommen, sollte vorher von unbeteiligten Personen einstudiert werden.
- Die Schüler sehen sich das Theaterstück an.
- Dabei werden sie miteinbezogen, wenn Tom gegen Ende des Stückes um Hilfe bittet.
- Nach dem Theaterstück wird in der Klassengemeinschaft über die einzelnen Szenen gesprochen und der Lösungsansatz diskutiert.
- Wichtig ist dabei, dass die Kinder die Situationen der Geschichte und das Verhalten Toms auf den eigenen Schulalltag übertragen und die Lösungsvorschläge auch für sich annehmen.

Material:

- Kopiervorlage: Tom ist nicht der Größte (Text)
- ein goldenes Herz

Dauer:

25–30 Minuten

Tipp:

- Es ist sinnvoll, dieses Theaterstück von älteren Schülern und nicht von Lehrern spielen zu lassen. Da die Situationen aus dem Schulalltag der Kinder genommen sind, ist eine Darstellung durch Lehrer nicht eindringlich genug und rutscht unter Umständen ins Lächerliche ab.

Tom ist nicht der Größte (Text)

Personen: Lehrerin, Eva, Tim und Tom

Vorstellung durch einen Sprecher:
Das ist Tom. Tom ist 8 Jahre alt und für sein Alter schon ganz schön groß. Er kann toll Fußball spielen und gut rechnen. Das ist Eva. Eva kann toll singen und am besten aus der Klasse vorlesen. Und das ist Tim. Tim kann am schnellsten rennen und springen und malen kann er ganz besonders gut.
Aber Tom will immer der Erste und der Beste sein und dann geht das immer so:

1. Szene:

Lehrerin: So, wir gehen in die Aula, stellt euch zu zweit hinter Tim und Eva auf. Ich bin gleich wieder da. Ich hole nur kurz den Schlüssel.

Tim und Eva stellen sich nebeneinander auf.
Plötzlich kommt Tom, schubst Tim und Eva einfach weg und sagt ...

Tom: Weg da, ich bin Erster.
Tim: Sag mal, kannst du nicht aufpassen? Fast wären wir beide wegen dir hingefallen!
Tom: Weine nicht, du Angsthase! Ich bin Erster, ich bin immer Erster. Du warst gestern Erster. Also weg hier, ich bin Erster!
Eva: Ach komm, Tim, lass doch den Dummkopf Erster sein!

2. Szene:

Auch in der Pause ärgert Tom oft Tim und Eva, denn die beiden sind gute Freunde.

Tom: Haha, die Verliebten! Tim und Eva sind verheiratet. Haha, die Verliebten.
Tim: Da ist er schon wieder und will uns ärgern, komm, wir gehen zu den Schaukeln, Eva!

Doch Tom rennt den beiden hinterher und hört mit dem Ärgern nicht auf.

Tom: Haha, die Verliebten! Tim und Eva sind verheiratet. Haha, die Verliebten.
Eva: Lass uns in Ruhe, Tom, geh Fußball spielen! Das kannst du doch so gut.
Tom: Tschüss, ihr Verliebten.

Tom geht davon.

Tim: Mir geht Tom ganz schön auf die Nerven. Immer will er erster sein. Immer will er der Sieger sein. Ständig drängelt er sich vor. Beim Fußball spielen mogelt er immer, damit er nicht verliert. Und jetzt ärgert er uns auch noch in der Pause.
Eva: Wenn Tom nicht mit seinem Quatsch aufhört, müssen wir uns etwas einfallen lassen.

3. Szene:

Die Klasse übt für den Vorlesewettbewerb.
Die Klassenlehrerin ruft Eva auf.

Eva: Die Geschichte von dem großen Zauberer …
Tom *flüstert gleichzeitig*: Bsbsbsbsbsbsssbsbsbsbsbsbbs

Eva wird nervös und muss noch einmal von vorne beginnen.

Eva: Noch einmal. Die Geschichte von dem großen Zauberer Hokus pokus.
Tom *flüstert wieder*: Zauber, Zauberer, Bokus, Krokus.
Eva: Frau Schneider, ich kann nicht lesen. Ständig flüstert mir Tom dazwischen.
Tom: Das stimmt nicht, Frau Schneider. Ich glaube, Eva hat nur nicht gut genug geübt.

4. Szene:

Eva und Tim treffen sich nach der Schule.

Eva: Mir reicht´s. Das war zu viel. Einfach zu sagen, ich hätte nicht geübt. Ich glaube, Tom spinnt. Der kann was erleben.
Tim: Aber was sollen wir machen? Der Tom ist doch so groß und stark.
Eva: Weißt du was, Tim? Ich habe eine Idee. Tom ist zwar stark, aber so kann es nicht weitergehen. Wir werden einfach kein Wort mehr mit ihm sprechen. Dann kann er sehen, wo er bleibt. Abgemacht, Tim?
Tim: Abgemacht, Eva. Wir werden kein Wort mit ihm reden.

5. Szene:

Am nächsten Tag treffen sich Tim, Tom und Eva auf dem Schulhof.

Tom: Na, ihr beiden Verliebten, wollen wir Verstecken spielen, bis die Schule anfängt?

Tim und Eva gehen davon.

Tom: Was ist denn mit denen los?
Die haben wohl Angst zu verlieren, die Angsthasen.

In der Pause verteilt Eva Einladungskarten für ihren Geburtstag.
Alle bekommen eine Einladung, nur Tom bekommt keine.

Tom: Hey, was ist denn mit dir los, Eva?
Ich will auch zu deiner Feier kommen.
Eva, warum sagst du nichts?

Tom rennt zu Tim.

Tom: Tim, was ist denn mit Eva los? Warum redet die denn nicht mehr mit mir? Weißt du, was die gemacht hat? Die hat mich einfach nicht zu ihrem Geburtstag eingeladen. Was sagst du dazu, Tim? Hey, Tim sag doch was!

Tim geht auch davon.

Tom *zum Publikum*: Kinder, ich glaube, die sind alle verrückt geworden. Die wollen mich nicht zum Geburtstag einladen. Mich, den großen Tom. Könnt ihr das verstehen?

Reaktion aus dem Publikum abwarten.

Tom *zum Publikum*: Meint ihr, ich habe vielleicht etwas falsch gemacht?

Reaktion: Du hast dich vorgedrängelt, geärgert, gestört.
Falls das nicht kommt, tritt eine weitere Figur auf, älterer Schüler etc. und hilft Tom auf die Sprünge, sich für sein dummes Verhalten zu entschuldigen.

Tom *zum Publikum*: Kinder, helft mir! Was soll ich denn tun?

Reaktion: Entschuldige dich! Mach das nie wieder!

6. Szene:

Tom trifft Tim und Eva ein paar Tage später.

Tom *kleinlaut*: Und wie war der Geburtstag? Redet doch mit mir.

Tim und Eva gehen davon.

Tom: Wartet doch einmal kurz. Ich muss euch etwas Wichtiges sagen: Ich, ich, ich will euch sagen, dass ich mich schlecht benommen habe. Es tut mir Leid.
Eva: Das kann jeder sagen, Tom. Uns reicht es. Jetzt entschuldigst du dich und in der nächsten Pause rufst du wieder „Verliebte".
Tom: Nein, ich will auch nicht immer mehr der Erste sein, das verspreche ich. Ich habe sogar etwas für dich gebastelt, Eva. Es ist ein Entschuldigungsherz, damit du und Tim seht, dass ich es auch ernst meine.

Tom gibt Eva das Herz.

Tim und Eva: Na gut. Tom, lass uns wieder Freunde sein.

5 Gewaltprävention in Klasse 3/4

5.1 Umgang mit Gefühlen

5.2 Umgang mit Provokationen

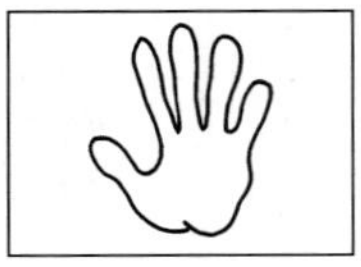

5.3 Drohende Konflikte stoppen

5.4 Miteinander reden

5.1 Umgang mit Gefühlen

Was mache ich, wenn ich wütend bin?

Bausteine:

1. Begrüßung: Wie fühle ich mich heute?
2. Musik fühlen und umsetzen
3. Umgang mit Wut – Alternativen finden und erproben
4. Wut-Plakat: Ich und meine Wut
5. Wutlied: Wenn ich manchmal wütend bin

Gewaltpräventive Ziele:

Im Rahmen dieser Bausteine machen sich die Schüler Gefühle im Allgemeinen und Wut im Besonderen bewusst. Durch eine vielseitige Beschäftigung mit dem Thema „Wut" lernen die Schüler, dieses Gefühl zu durchschauen und finden für sich adäquate Möglichkeiten im Umgang mit ihrer Wut.

Methodisch-didaktische Überlegungen:

Die Bausteine sind so aufeinander abgestimmt, dass die Schüler zunächst für ihre Gefühlswelt sensibilisiert werden und anschließend für Wut ein Bewusstsein entwickeln. Im Vordergrund steht dabei eine vielschichtige und handlungsorientierte Umsetzung der Thematik.

- Da Wut ein Gefühlsausdruck ist, wird zu Beginn über einige wesentliche Gefühle mit den Schülern reflektiert, sie werden benannt und beschrieben, sodass eine gemeinsame Grundlage geschaffen wird. Dabei wird auch festgestellt, dass jeder in bestimmten Situationen wütend werden kann. Die Frage ist nur, wie wir mit dieser Wut umgehen.
- Die bisher besprochenen Gefühle werden dann mit Hilfe unterschiedlicher Musikrichtungen von den Schülern nachempfunden.
- Als Strategien zum Wutabbau werden den Schülern Handlungen angeboten, die bei ihnen positive Emotionen hervorrufen. Damit die Kinder im „Problemfall" die richtige Auswahl treffen können, probieren sie verschiedene Tätigkeiten aus.
- Zum Abschluss gestaltet jeder Schüler ein individuelles „Wut-Plakat", um sich noch einmal die verschiedenen Dimensionen von Wut zu vergegenwärtigen.
- Durch das Lied „Mensch, das muss doch gehen!" besteht die Möglichkeit, die Schüler zukünftig immer wieder an das Thema Wut zu erinnern, ohne dass es problematisiert werden muss.

Begrüßung: Wie fühle ich mich heute?

Ziel:

Die Kinder setzen Begriffe für unterschiedliche Gefühle in Beziehung zu ihren eigenen, bisherigen Erfahrungen. Ihnen wird ihr momentanes Befinden bewusst und sie teilen dieses mit.

Vorgehen:

- Die Klasse sitzt im Stuhlkreis, in dessen Mitte Karten mit verschiedenen Gefühlssymbolen liegen.
- Die Abbildungen werden von den Schülern benannt und beschrieben.
  Zur Unterstützung werden Wortkarten dazugelegt. Diese bilden die Begriffsgrundlage, mit deren Hilfe sich die Schüler mitteilen können.
- Die Schüler übertragen die dargestellten Gefühle auf eigene Erlebnisse und Empfindungen. Sie erzählen von Situationen, in denen sie beispielsweise traurig etc. waren.
- Jeder Schüler sucht sich ein Symbol aus, das seine momentane Stimmung beschreibt und spricht darüber, wie er sich fühlt.

Material:

- Kopiervorlage: Gefühlssymbole
  Vorschlag: auf DIN A2 vergrößern, auf einzelne Kartons (Karten) kleben und laminieren, evtl. farbig gestalten
- Kopiervorlage: Wortkarten
  Vorschlag: auf farbiges, stärkeres Papier kopieren und auseinander schneiden (Karten)

Dauer:

25–30 Minuten

Tipps:

- Bei diesem Vorschlag wird sich auf sechs Grundgefühle beschränkt, die jedoch erweiterbar sind. Dazu bieten sich die Gefühlskarten (S. 29) an.
- Zur weiteren Arbeit mit den Gefühlssymbolen eignet sich auch ein Gefühlsthermometer, welches im Klassenzimmer aufgehängt werden kann. Dazu werden die Gefühlssymbole vergrößert und auf Tonpapier untereinander geklebt. Je nach Stimmung hängen die Kinder ihre persönlichen Wäscheklammern an das entsprechende Symbol.

Gefühlssymbole

Wortkarten zu den Gefühlssymbolen

unglücklich

glücklich

wütend

traurig

fröhlich

ängstlich

Musik fühlen und umsetzen

Ziel:

Über das Musikhören versetzen sich die Kinder in verschiedene Gefühlslagen. Sie empfinden die Gefühle bewusst nach, indem sie diese in Bewegungen und Bildern ausdrücken. Sie verbalisieren die Gefühle, die sie während der Musik empfunden haben.

Vorgehen:

- Es werden verschiedene Musikstücke abgespielt. Diese lösen bei den Schülern unterschiedliche Emotionen aus. Nach jedem Musikstück wird eine Pause eingelegt: für eine Bewegungsphase und eine Malphase.
- In der Bewegungsphase können sich die Schüler je nach ihrem Gefühl frei im Klassenzimmer bewegen. Sie drücken dabei ihre Stimmungen in Bewegungen aus. Es sollte darauf hingewiesen werden, dass die Schüler sich gegenseitig nicht berühren dürfen.
- In der Malphase kehren sie an ihre Plätze zurück und setzen ihre Gefühle grafisch um. Dabei kann in Farbe und Muster variiert werden. Folgender Arbeitsauftrag wird gegeben: Wähle eine Farbe aus und schließe beim Malen deine Augen.
- Im anschließenden Gespräch äußern sich die Schüler zu ihren Gefühlen, die sie erlebt haben. Die einzelnen Stücke werden dazu angespielt und die Zeichnungen betrachtet.

Material:

- Musikkassette oder CD
- Buntstifte, weißes Papier

Dauer:

20–30 Minuten

Tipps:

- Bei der Auswahl der Musik ist darauf zu achten, dass verschiedene Musikstile die unterschiedlichen Stimmungen repräsentieren.
- Es ist sinnvoll, mit einem ruhigen Stück zu beginnen und zu enden.
- Die Dauer jeder Musiksequenz sollte ca. 3 Minuten betragen. Die Bewegungs- und Malphasen sollten jeweils kürzer sein.
- Das Musikstück wird für die Bewegungs- und Malphase so lange unterbrochen, bis alle Schüler für die entsprechende Tätigkeit bereit sind.
- Für die Malphase sollte das Papier nach der Abfolge der Musikstücke nummeriert werden.

Umgang mit Wut – Alternativen finden und erproben

Ziel:

Die Schüler erkennen, dass Wut durch Handlungen kanalisiert werden kann, die ihnen Spaß machen und die andere akzeptieren können. Sie finden für sich Handlungen, die bei ihnen (und anderen) positive Emotionen hervorrufen.

Vorgehen:

- Im Gespräch überdenken die Schüler im Hinblick auf einen positiven Wutabbau ihren bisherigen und zukünftigen Umgang mit Wut. Es wird zusammengefasst, dass Wut nicht an anderen ausgelassen wird, sondern nur durch „schöne" Handlungen abgebaut werden kann.
  Vorschläge: gute Musik hören oder selber produzieren, spazieren gehen, ruhig sitzen oder liegen (Time-out), malen usw.
- Zur Konkretisierung und Umsetzung wird der Klasse eine Auswahl an Materialien präsentiert (z. B. in Form einer Theke). Diese wird gemeinsam besprochen. Wichtig ist, darauf zu achten, dass quasi-aggressive Handlungen (Eindreschen auf andere Gegenstände, schimpfen, Wutecke usw.) ausbleiben.
- Jeder Schüler sucht sich nach seiner Neigung eine Tätigkeit aus, die ihm Spaß macht. Es können auch mehrere Tätigkeiten ausprobiert werden.
- Abschließend verbalisieren und reflektieren die Kinder im Stuhlkreis über ihre Erfahrungen.

Material:

- Beispiele: Mandalas, Musik (Entspannungsmusik), Instrumente (Xylophon, Trommel), Papier und Stifte, Geduldsspiele, Knobelaufgaben, Bücher, Witze (z. B. Nikolaus Lenz: X-tra starke Kinderwitze, Ravensburger Verlag), Rätsel (z.B. Quiz + Co – 750 Fragen und Antworten, Ravensburger Verlag)

Dauer:

30–45 Minuten

Tipps:

- Handlungen, die Lärm verursachen, werden aus dem Klassenzimmer ausgelagert.
- Musik sollte mit Kopfhörern (tragbarer Kassettenrecorder) angeboten werden.
- Damit die Kinder wirklich auf die beschriebene Weise ihre Wut abbauen können, sollten verschiedene Materialien zu jeder Zeit für alle zugänglich sein.

Wut-Plakat: Ich und meine Wut

Ziel:
Die Kinder veranschaulichen auf einem Plakat ihr persönliches Ergebnis zum Thema „Wenn ich wütend bin …“. Ihnen wird noch einmal bewusst, was sie wütend macht, wie sie bisher damit umgegangen sind und wie sie das zukünftig tun wollen.

Vorgehen:
- Zunächst werden mit der Klasse die Fragen besprochen, die anschließend auf dem Plakat beantwortet werden: Was macht mich wütend? Wie bin ich bisher mit meiner Wut umgegangen? Wie gehe ich zukünftig mit ihr um? Wie wirke ich auf andere, wenn ich wütend bin?
- Jeder Schüler gestaltet sein eigenes Plakat:
  - In der Mitte des Plakates wird mit Tonpapier oder Farbe ein ungleichmäßiger roter Stern gestaltet. In den Stern schreibt der Schüler, was ihn wütend macht.
  - In die Sprechblasen (siehe Kopiervorlage) schreibt der Schüler, was er in Wutsituationen macht. Das kann sowohl destruktiv (schlagen usw.) als auch konstruktiv (Musik hören, reden usw.) sein.
  - Diese Sprechblasen werden mit gefalteten Papierstreifen (Treppe, Ziehharmonika ...) um den Stern am Plakat herum befestigt.
  - Der Schüler entscheidet nun, welche seiner Reaktionsmuster er gut findet und beibehalten möchte und welche er schlecht findet und besser vermeiden will.
  - Die Sprechblasen mit den „schlechten“ Reaktionen werden mit der beschrifteten Seite auf das Plakat geklebt, sodass man sie nicht mehr lesen kann.
- Die Plakate werden im Klassenzimmer aufgehängt, damit alle Schüler die Wut der anderen kennenlernen und in Zukunft berücksichtigen können. Die Plakate dienen des Weiteren als Erinnerungsstütze an die eigenen Erkenntnisse, die in Bezug auf Wut gemacht werden konnten.

Material:
- Kopiervorlage: Wut-Plakat (Beispiel)
- ein weißes DIN A4- oder DIN A3-Blatt für jedes Kind
- rotes Tonpapier (entsprechend weißem Papier DIN A5 oder DIN A4) oder rote Farbe (um roten Stern zu malen)
- farbige Papierstreifen (ca. 2–3 cm breit und ca. 30 cm lang)
- Kopiervorlage: Sprechblasen
- Kopiervorlage: Stern (auf rotes Tonpapier kopieren)
- Schere, Kleber, Buntstifte

Dauer:
20–30 Minuten

Tipps:
- In der Einführungsphase kann zur Veranschaulichung ein Beispielplakat gezeigt werden.
- Die Kinder können auch eine Sprechblase an einen „Wunschpartner“ geben, der diese ausfüllt. So hat das Kind eine Rückmeldung darüber, wie es nach außen wirkt. Es sollte sich aber auf jeden Fall um „Vertrauenspersonen“ handeln.

Wut-Plakat (Beispiel)

Das macht mich wütend:

- wenn mich keiner ernst nimmt
- wenn ich mich „klein" fühle
- wenn ich nicht weiß, was ich sagen soll
- wenn man mich verächtlich anschaut
- wenn andere über mich tuscheln oder lachen
- wenn man meine Entscheidungen nicht akzeptiert
- wenn andere nicht tun, was ich will

Wut-Stern

Sprechblasen

Wutlied:
Wenn ich manchmal wütend bin

Ziel:

Die Schüler erlernen das Lied „Wenn ich manchmal wütend bin“.

Vorgehen:

- Gemeinsam lernt die Klasse das Wutlied kennen und singt es zusammen.
- Das Thema Wut kann somit ritualisiert und jederzeit schnell wieder aufgegriffen werden.
  Des Weiteren bringt das Lied den gemeinschaftlichen Charakter der Thematik zum Ausdruck.

Material:

- Kopiervorlage: Wenn ich manchmal wütend bin (Liedtext mit Noten)

Dauer:

15–20 Minuten

Tipp:

- Zum Thema Wut gibt es eine Vielzahl an Liedern und Texten, die sich für eine derartige Ritualisierung eignen, z. B.:
  - „Wenn ich glücklich bin“, Text und Melodie: Klaus W. Hoffmann, Quartett Lieder heute, Ernst Klett Schulbuchverlag GmbH, Stuttgart 1974, S. 75.
  - „Lass doch den Kopf nicht hängen“, Text: Jürgen Schöntges, Quartett Lieder heute, Ernst Klett Schulbuchverlag GmbH, Stuttgart 1974, S. 74.

Wenn ich manchmal wütend bin

2. Kommst du dann in meine Nähe,
sage ich dir jetzt schon: Wehe!
Denn wenn ich dann um mich schlage,
kriegst du etwas ab. Klapp!

3. Werf ich wütend mit den Sachen,
kannst du nicht darüber lachen.
Alle haben Angst vor mir.
Und das will ich gar nicht!

Text & Musik: Daniela Dicker
Kindermissionswerk.Berlin@t-online.de

5.2 Umgang mit Provokationen

Wenn mich jemand ärgert, bleibe ich cool! – Schimpfwörter, was ist das?

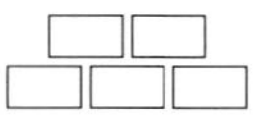

Bausteine:

1. Aufstehspiel: Bitte stehe schweigend auf, wenn ...
2. Schimpfwörter tun weh – wie reagiere ich?
3. Rap: Ich bin cool!
4. Training für Körpersprache und Haltung: Cool sein
5. Spiel: Spießrutenlauf und cool bleiben
6. Vernichten von Schimpfwörtern

Gewaltpräventive Ziele:

Die Schüler sollen in dieser Einheit befähigt werden, in solchen Situationen, in denen sie provoziert werden, „cool" d. h. ruhig zu bleiben. In diesem Zusammenhang setzen sie sich mit der Wirkung von Schimpfwörtern auseinander und erlernen Verhaltensstrategien.

Methodisch-didaktische Überlegungen:

Schlüsselbegriffe dieser Einheit sind „Ärgern" und „Cool bleiben". Unter „Ärgern" wird hier nicht körperliche Gewalt verstanden, sondern es handelt sich um Provokationen z. B. durch Schimpfwörter oder körperliche Sticheleien. „Cool bleiben" bedeutet körperlich und sprachlich ruhig zu bleiben. In den folgenden Bausteinen geht es nicht darum, Provokationen zu verhindern, sondern vielmehr um angemessene Reaktionsmöglichkeiten.

- Als Einstimmung in diese Einheit dient ein Spiel, das Offenheit und eine positive Atmosphäre in der Klasse schafft.
- Da Schimpfwörter eine der häufigsten Formen der Provokation darstellen, werden sie zum Ausgangspunkt dieser Einheit thematisiert.
- In Form eines „coolen Musikstils" (Rap) werden den Schülern Provokationen und „coole Reaktionen" darauf vorgestellt, um ihnen „cooles Verhalten" zu verdeutlichen und eine Identifikation zu ermöglichen.
- Durch gezielte Übungen wird „Cool sein" trainiert. Dabei wird auf Körperhaltung, Sprache und Gestik Wert gelegt.
- Im „Spießrutenlauf" wenden die Schüler das Gelernte an.
- Zum Abschluss werden die Schimpfwörter gemeinsam vernichtet. Exemplarisch soll verdeutlicht werden, dass Provokationen in der Klasse unerwünscht sind.

Aufstehspiel: Bitte stehe schweigend auf, wenn …

Ziel:

Die Schüler erkennen, dass sie sich in der Klasse ehrlich und offen verhalten können.

Vorgehen:

- Die Klasse sitzt im Stuhlkreis. Der Lehrer liest verschiedene Situationen vor, bei denen die Schüler aufstehen, wenn diese auf sie zutreffen. Sitzen bleiben kann dabei heißen:
  a) betrifft mich nicht oder
  b) dazu möchte ich mich nicht äußern.
- Wichtig ist, dass während des Spiels nicht gesprochen wird. Keine Entscheidungen werden verbalisiert!
- Eventuell kann darauf hingewiesen werden, dass das Folgende vertraulich ist.
- Der Lehrer liest vor und steht auch mit auf.
- Beispiel: „Bitte stehe schweigend auf, wenn du schon einmal von anderen geärgert wurdest.“ Am Ende wird ein Bezug zu Schimpfwörtern hergestellt (z. B. „… wenn schon einmal jemand Schimpfwörter zu dir gesagt hat.“)

Material:

- Kopiervorlage: Aufforderungen zum Aufstehspiel

Dauer:

15–20 Minuten

Tipp:

- Das Spiel ist bei den Kindern sehr beliebt. Es kann durch beliebig viele Aufforderungen erweitert werden.

Aufforderungen zum Aufstehspiel

Bitte stehe schweigend auf, ...

- ▷ wenn du gerne im Hof spielst
- ▷ wenn du einen Freund hast
- ▷ wenn du ein eigenes Tier hast
- ▷ wenn du schon einmal dein Frühstück geteilt hast
- ▷ wenn du ältere Geschwister hast
- ▷ wenn du manchmal wütend bist
- ▷ wenn du manchmal traurig bist
- ▷ wenn du schon einmal von anderen geärgert wurdest
- ▷ wenn du schon einmal jemanden beschützt hast
- ▷ wenn dir mal jemand etwas weggenommen hat
- ▷ wenn du einmal nicht mitspielen durftest
- ▷ wenn dir ein Kind gesagt hat, dass du blöd bist
- ▷ wenn du deinen Freund oder deine Freundin schon einmal geärgert hast
- ▷ wenn du einen wirklich guten Freund hast
- ▷ wenn du dich manchmal ganz alleine gefühlt hast
- ▷ wenn schon einmal jemand zu dir Arsch, blöde Kuh oder ein anderes Schimpfwort gesagt hat
- ▷ ....
- ▷ ....
- ▷ ....
- ▷ ....

Schimpfwörter tun weh – wie reagiere ich?

Ziel:

Die Schüler setzen sich mit der begrifflichen Bedeutung von Schimpfwörtern auseinander. Ihnen wird die Wirkung und fehlerhafte Verwendung von Schimpfwörtern bewusst.

Vorgehen:

- Nacheinander nennen die Kinder ein besonders schlimmes Schimpfwort, das sachlich besprochen und geklärt wird.
- Dabei kann das Gespräch wie folgt ablaufen: Hurensohn – was ist das? Trifft es auf ein Kind in der Klasse zu? Nein? Dann sagt der Beschimpfer die Unwahrheit. Dann interessiert es mich auch nicht.
- Gemeinsam werden Reaktionen auf Provokationen allgemein bzw. Schimpfwörter gesammelt. Wie kann ich reagieren? Wie verhalte ich mich, dass es mir gut geht.
- Vom Lehrer oder von den Kindern werden die Wörter auf Karten geschrieben.
- Diese werden aufbewahrt und am Ende des Tages gemeinsam „vernichtet“.

Material:

- Zettel oder Blanko-Wortkarten für Schimpfwörter

Dauer:

15–20 Minuten

Tipps:

- Es ist wichtig, dass die Schüler (und der Lehrer) die Schimpfwörter aussprechen und sei das Schimpfwort noch so schlimm. Vielen Schülern fällt das schwer.
- Wenn während des Gesprächs Unruhe entsteht, ist es meistens lediglich ein Zeichen, wie sehr dieses Thema die Schüler bewegt und betroffen macht.
- Es ist auch möglich, an dieser Stelle den sechsten Baustein vorzuziehen und die Schimpfwörter im Anschluss an diese Einheit zu vernichten.

Rap: Ich bin cool

Ziel:
Die Schüler lernen „coole“ Reaktionen auf unterschiedliche Provokationen kennen und begreifen die deeskalierende Wirkung dieses Verhaltens. Ärgern macht nur Spaß, wenn der andere sich aufregt!

Vorgehen:
- Vorbereitend auf den Cool-Rap werden mit der Klasse Situationen gesammelt, in denen sie sich ärgern und eventuell wütend werden, z. B. wenn mir jemand etwas wegnimmt, mich nicht mitspielen lässt, sich vordrängelt, mir körperlich wehtut usw.
- Anschließend wird der Text an jedes Kind ausgeteilt und gemeinsam gelesen.
- Die Schüler erschließen den Inhalt: Was passiert dem Kind in dem Rap? (1. Wird blöd angeglotzt, 2. Wird angeschrien, 3. Wird geschubst) Wie verhält es sich? Wie geht es mit den Angriffen um? (Es ärgert sich nicht, es bleibt cool/ruhig) …
- Einzelne Schüler stellen die Situationen im Rollenspiel dar.
- Auf dieser Grundlage wird erarbeitet und geklärt, was „cool“ überhaupt bedeutet. Wie ist bzw. bleibt man eigentlich cool?
- Zu dieser Thematik können die Schüler ihre Gedanken zunächst schriftlich auf Karten aufschreiben (Impuls: Wie ist jemand, der cool ist?). Diese werden an die Tafel gehängt und besprochen. Sie bilden die Grundlage für die Erarbeitung des Begriffs „cool“.
- Gemeinsam spricht die Klasse dann den Rap.

Material:
- Kopiervorlage: Ich bin cool! (Rap-Text)
- Zettel oder Blanko-Wortkarten

Dauer:
30–45 Minuten

Tipps:
- Den Schülern kann der Musikstil des Raps über bekannte Rap-Bands näher gebracht werden.
- Der Rap kann als Schreibanlass dienen: Die Kinder können zusätzliche Strophen schreiben. Hier ein Beispiel eines Schülers:

> Die Schule ist aus, ich gehe nach Haus, da kommt einer an und sagt: „Du bist dran!“ – und ich sah ihm ganz cool in die Augen – da ist er einfach weggelaufen, denn ich bin cool – einfach …

- Der Rap kann mit einer Musikkassette oder mit Instrumenten umgesetzt werden.
- Besonders schön ist es, wenn der Cool-Rap in der ganzen Schule bekannt ist.

Ich bin cool

① Heute war es wieder einmal so weit,
einer glotzt mich blöd‘ an, doch ich lächle nur breit.
„To be cool is the rule at our school!“ –
mir fällt gar nichts anderes ein:

Denn ich bin cool – einfach supercool!
Bleibt cool beim Streit und gebt euch die Hand
das gilt für dich und mich und alle anderen im Land.

② 10 Uhr 15, mein Brot in der Hand,
da schreit mich einer an, ich denk‘, ich verliere den Verstand.
Aber ich – hab einfach nachgedacht
und mein Lächeln hat ihn um den Verstand gebracht:

Denn ich bin cool – einfach supercool!
Bleibt cool beim Streit und gebt euch die Hand,
das gilt für dich und mich und alle anderen im Land.

③ Die Lehrerin ist weg, wir sollen was schreiben.
da kommt eine an – die kann ich gar nicht leiden –
schubst mich, will sich mit mir raufen,
doch ich bin ganz cool an ihr vorbeigelaufen.

Ich bin cool – einfach supercool!
Bleibt cool beim Streit und gebt euch die Hand,
das gilt für dich und mich und alle anderen im Land.

Seid cool, einfach supercool, bleibt cool, so richtig supercool!
Bleibt cool beim Streit und gebt euch die Hand,
das gilt für dich und mich und alle anderen im Land.

Training für Körpersprache und Haltung: Cool sein

Ziel:

Die Schüler wissen, was cooles Verhalten ausmacht und können dieses konkret in Körperhaltung, Sprache und Gestik umsetzen.

Vorgehen:

- Wie wirke ich cool? Die Schüler versuchen „Cool sein" vorzumachen. Die Klasse beurteilt die Wirkung der Darstellung. Dabei muss klar herausgearbeitet werden, dass der Kaugummi-kauende, Handy-besitzende arrogante Angeber nicht mit „Cool sein" gemeint ist.
- Gemeinsam erarbeitet die Klasse folgende Merkmale „coolen" Verhaltens:
  - Körperhaltung: gerade stehen, Brust raus, ein Schritt nach vorne, Arme in die Hüfte oder verschränkt.
  - Sprache: langsam und deutlich reden:
    „Iichhh? Ha!"
    „Du gehst mir auf den Nerv, wenn du ..."
    „Lass mich jetzt in Ruhe ..."
    „Pass doch bitte auf ..."
    „Es ärgert mich, wenn du ..."
  - Gestik: umdrehen und langsam wegschlendern
- Anschließend probiert die ganze Klasse diese Verhaltensmuster aus.
- Im Rollenspiel wenden es die Schüler an (der Lehrer oder ein anderes Kind provoziert).

Material:

- Keins

Dauer:

15–20 Minuten

Tipp:

- Um die Wirkung der coolen Körperhaltung optisch zu verdeutlichen, können von den Kindern je zwei Fotos gemacht werden, die sie einmal uncool und einmal cool zeigen. Diese werden nebeneinander im Klassenzimmer aufgehängt.

Spiel:
Spießrutenlauf und cool bleiben

Ziel:

Die Kinder trainieren es, in einer schwierigen Situation cool zu bleiben.

Vorgehen:

- Um das „Cool bleiben“ zu trainieren, soll jeder Schüler einen „Spießrutenlauf“ durch eine „Gasse“ hinter sich bringen.
- Zunächst wird der Klasse das Spiel erklärt.
- Gemeinsam sucht sie nach Möglichkeiten der Provokation.
- Die Schüler stehen sich in Paaren im Abstand von ca. 3 m gegenüber, sodass in der Mitte eine „Gasse“ entsteht.
- Jeweils ein Schüler geht durch die Gasse und wird von den anderen Schülern beschimpft, angepöbelt, berührt, belästigt usw.
- Dabei versucht er cool zu bleiben, bis er am Ende angelangt ist.
- Der Lehrer steht am Ende der Gasse und macht den einzelnen Schülern Mut und erinnert sie gegebenenfalls an einzelne Aspekte des coolen Verhaltens.

Material:

- Kopiervorlage: Auftragskarten zum Spießrutenlauf

Dauer:

15–20 Minuten

Tipps:

- Den Schülern können Auftragskarten zum Provozieren ausgeteilt werden.
- Am Ende soll jeder Schüler das Gefühl haben, cool sein zu können. Bei einigen Schülern werden sicherlich zwei Versuche nötig sein.
- Es kann eine Wochenübersicht angefertigt werden: Wer hat sich wann echt cool verhalten?

Auftragskarten zum Spießrutenlauf

ein Bein in den Weg stellen

leicht am Arm berühren

Schimpfwörter zurufen

Luftküsse zuwerfen

zappeln

laut brüllen

sehr nah an ihn herantreten

Vernichten von Schimpfwörtern

Ziel:

Den Schülern wird deutlich, dass Schimpfwörter unerwünscht sind und versuchen, diese in Zukunft nicht mehr zu gebrauchen.

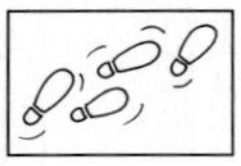

Vorgehen:

- Jeder Schüler erhält „sein“ Schimpfwort, zerreißt es und wirft es weg (Papierkorb, Topf, Mülleimer).
- Damit werden die Schimpfwörter symbolisch aus der Klasse verbannt.

Material:

- Schimpfwortkarten (die zuvor mit den Kindern erstellt wurden)
- Papierkorb o. Ä.

Dauer:

3–5 Minuten

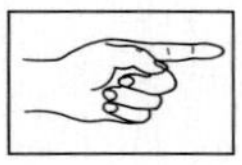

Tipp:

- Dieser Baustein kann ritualisiert werden: Sobald ein Schüler ein neues Schimpfwort verwendet, wird es ebenfalls aufgeschrieben und weggeworfen.

5.3 Drohende Konflikte stoppen

Ich-Botschaften:
Wenn es mir zu viel wird, dann sage ich „Stopp“!

Bausteine:

1. Geschichte: Clara sagt „Nein!“
2. Ich-Botschaften formulieren: Freundliche Meinungssager
3. Verhaltenstraining: Ich sage „Stopp!“
4. Plakat: STOPP-Hand als Klassenversprechen

Gewaltpräventive Ziele:

Die Schüler lernen, mit Hilfe von Ich-Botschaften ihre Bedürfnisse in unangenehmen Situationen deutlich und rechtzeitig mitzuteilen. Sie lernen, das Stopp-Zeichen in solchen Situationen entsprechend einzusetzen und umgekehrt das empfangene Stopp-Zeichen zu akzeptieren.

Methodisch–didaktische Überlegungen:

Grundlegendes Anliegen der vier Bausteine ist es, die Schüler zu befähigen, ihr Unwohlsein mit Hilfe von Ich-Botschaften mitzuteilen. Der Vorteil von Ich-Botschaften ist es, dass sie vom Gegenüber nicht als Vorwurf oder Angriff verstanden werden und somit besser angenommen werden können. Das Stopp-Zeichen dient als unmissverständliches Signal, um eskalierende Situationen zu unterbrechen und zu verhindern.

- Über eine Bildergeschichte wird den Schülern aufgezeigt, wie notwendig es ist, das eigenen Empfinden laut und deutlich mitzuteilen. Das Bilderbuch bietet ein deutliches Signalwort (NEIN) und die Verwendung von Ich-Botschaften als Möglichkeit an, sein Unwohlsein entsprechend mitzuteilen.
- Um den Inhalt der Geschichte auf die Lebenswirklichkeit der Schüler zu übertragen, sucht die Klasse Situationen, in denen sie sich selbst schon einmal unwohl fühlte. In diesem Zusammenhang wird das Formulieren von Ich-Botschaften geübt.
- Das Stopp-Zeichen soll über Gestik und Sprache zum Ausdruck gebracht werden. In einem Spiel wird die Verwendung des Stopp-Zeichens trainiert (Wann und wie sage ich „Stopp“?).
- Das Stopp-Zeichen kann nur seine Wirkung erzielen, wenn sich alle Beteiligten daran halten. Deshalb wird am Ende der Einheit von jedem Schüler ein verbindlicher Vertrag unterschrieben, der dieses sichern soll.

Geschichte: Clara sagt „Nein!“

Ziel:

Die Kinder erkennen, wie wichtig es ist, ihr Unwohlsein in bestimmten Situationen klar und deutlich zu äußern.

Vorgehen:

- Die Klasse versammelt sich im Halbkreis oder Stuhlkreis.
- Schritt für Schritt wird den Schülern die Bildergeschichte erzählt. Die Überschrift sollte zunächst weggelassen werden, um die Intention der Geschichte nicht vorwegzunehmen.
- Immer wieder wird die Geschichte unterbrochen und die Schüler äußern sich zu einzelnen Situationen und betrachten die Bilder.
- Gemeinsam wird herausgearbeitet, was es bewirkt, wenn die Bedürfnisse klar und deutlich mitgeteilt werden.

Material:

- Kopiervorlage: Geschichte: Clara sagt „Nein!“ (mit Hinweisen)
- Kopiervorlage: Bilder zur Geschichte (am besten anmalen und auf Karton kleben)
- Kopiervorlage: Satzstreifen (auf DIN A3 vergrößern und auf buntem Karton aneinander kleben)

Dauer:

30–45 Minuten

Tipps:

- Die Bilder der Geschichte können am Schluss gleichzeitig an der Tafel hängen und somit die Entwicklung der Geschichte optisch verdeutlichen.
- Die Geschichte kann als Schreibanlass dienen. Sie wird dann an der Stelle unterbrochen, bevor die Lösung gebracht wird. Die Schüler finden selbst eine Lösung für das kleine Mädchen und schreiben die Geschichte zu Ende.

Clara sagt „Nein!“

Die Überschrift wird nicht vorgelesen.

Bild 1

Vorlesen: Der Imbissstand ist fast leer. Die kleine Clara sitzt ganz allein an einem Tisch und isst Pommes. Sie ist wirklich sehr klein. Heute besonders, denn die „4“ in Mathe hat sie noch kleiner und leiser gemacht.

Bild 2

Vorlesen: Da kommt eine dicke Frau und fragt: „Darf ich mich zu dir setzen?“ Die kleine Clara flüstert leise: „Nein, ich möchte lieber allein sein.“

Schüler vermuten, was die Frau tut (die Frau geht weg, sie überredet das Mädchen, sie setzt sich hin, sie beschimpft das Mädchen …)

Vorlesen: Die dicke Frau hört gar nicht hin und setzt sich einfach an den Tisch.

Impuls: Wie fühlt sich Clara, wie geht es ihr?

Bild 3

Vorlesen: Da kommt Paul angelaufen. Als er Clara entdeckt, kommt er schnurstracks auf sie zu und fragt: „Darf ich von deinen Pommes essen?“
Die kleine Clara flüstert wieder: „Nein, ich möchte sie gern selbst essen.“

Schüler vermuten, was Paul tut (der Junge geht weg …)

Vorlesen: Aber Paul will keine Antwort hören. Flugs nimmt er der kleinen Clara gleich den ganzen Pappteller weg und stopft sich mehrere Pommes nacheinander in den Mund. Seine Nasenspitze färbt sich ketchuprot.

Impuls: Wie geht es ihr? Was kann Clara tun?

Schüler finden Lösungen für Claras Problem (schimpfen, Pommes zurückholen, nach Hause gehen, weinen, laut Nein sagen …)

Bild 4

Vorlesen: Clara starrt ihn fassungslos an. ‚So eine Frechheit', denkt sie und spürt, wie die Wut in ihr zu brodeln beginnt. Sie steht auf, reckt sich in die Höhe und schreit aus vollem Hals: „NEIIIN !" Und noch einmal lauter: „NEIN, NEIN, NEIN!"

Impuls: Clara sagt zu der Frau und Paul, was sie will. Was sagt sie?
Ich-Botschaften formulieren lassen! Was will Clara?

Schüler vermuten, was Clara Paul und der Frau sagt (Gib her, das sind meine Pommes! Verschwinde, ich war zuerst da!)

Vorlesen: Clara sagt zu Paul: „Ich will meine Pommes selbst essen!"
Zur Frau sagt sie: „Ich will allein an diesem Tisch sitzen!"
Und etwas lauter fügt sie hinzu: „LASST MICH ALLE SOFORT IN RUHE!"

Bild 5

Impuls: Wie fühlen sich alle jetzt?

Schüler äußern sich (die sind sauer, Clara freut sich, ihr geht es schlecht, weil sie gemotzt hat ...)

Vorlesen: Die dicke Frau sieht Clara verwundert an. Paul murmelt: „Warum hast du das denn nicht gleich gesagt?" Beide gehen los, sehen sich nur noch einmal verwundert um. Und wer sitzt jetzt an dem Tisch?

Impuls: Wie fühlt sich Clara jetzt?

Vorlesen: An dem Tisch sitzt eine größere Clara als vorher. Zum ersten Mal in ihrem Leben hat sie nicht nur leise und schüchtern „Nein!" gesagt. Zum ersten Mal wurde sie nicht einfach überhört. Aber nur, weil sie laut und deutlich „Nein!" gesagt hat. Und das hat gewirkt. Und wie!

Lehrer hängt Wortstreifen unter die Bilder

So wurde aus dem schwachen NEIN ein starkes NEIN.

Schüler lesen vor und erklären die Bedeutung des starken NEIN

Imbiss
1

Imbiss
2

Imbiss
3

NEIN!
Imbiss
4

Imbiss
5

Satzstreifen

So wurde aus dem schwachen NEIN

ein starkes NEIN.

Ich-Botschaften formulieren: Freundliche Meinungssager

Ziel:

Die Schüler werden befähigt, ihre Bedürfnisse mit Hilfe von Ich-Botschaften mitzuteilen.

Vorgehen:

- Gemeinsam wird nach Situationen gesucht, in denen sich die Kinder unwohl fühlen, in denen es ihnen zu viel wird oder durch die sie sich genervt fühlen (z. B. „Aus Spaß wird Ernst“, körperliche Nähe, Provokationen usw.)
- Es soll herausgearbeitet werden, dass man rechtzeitig „NEIN“ oder „STOPP“ sagt, wenn es einem zu viel wird. Oder kann man sonst noch etwas sagen, ohne dass der andere sich angegriffen fühlt?
- Die Kinder formulieren für die gefundenen Situationen Ich-Botschaften. Der Lehrer hält diese an der Tafel fest (z. B. „Nein/Stopp, ich möchte das nicht!“; „Nein/Stopp, das gehört mir!“; „Ich möchte …“).
- Im Anschluss daran erhalten die Schüler ein Arbeitsblatt, das eine Situation aus der Geschichte zeigt. In die Sprechblase tragen sie eine treffende Ich-Botschaft ein. Den zweiten Teil gestalten sie selbst. Das Arbeitsblatt kann auch differenziert eingesetzt werden.

Material:

- Kopiervorlage: Wenn es mir zu viel wird, dann sage ich es

Dauer:

15–20 Minuten

Tipps:

- Die Situationen aus der Klasse können auch an der Tafel gesammelt werden.
- Allgemeine Formulierungen für Ich-Botschaften können auf einem Plakat festgehalten werden.

Wenn es mir zu viel wird, dann sage ich es

1. Schreibe in die Sprechblase, was Clara sagt!

2. Finde eine Situation, in der es dir zu viel wird!
   Male sie auf und schreibe in eine Sprechblase, was du sagst!

Verhaltenstraining: Ich sage „Stopp!“

Ziel:

Die Schüler erkennen eigene Grenzen und achten die der anderen.

Vorgehen:

- Zunächst wird festgelegt, wie das Stopp-Zeichen gegeben wird: eine oder beide Hände abwehrend nach vorne halten, gerade stehen, laut „Stopp“ sagen usw.
- Die Klasse wird in zwei Gruppen geteilt. Es werden zwei Reihen gebildet. Jeweils zwei Kinder stehen sich im Abstand von etwa sechs Metern gegenüber.
- Der Lehrer gibt für jedes Paar folgende Aktionsanweisungen vor: „Gehe … mit/ohne Blickkontakt, langsam/schnell; hektisch/cool, aggressiv/freundlich, mit bösem/lächelndem Gesicht … auf deinen Partner zu.“
- Einer der beiden läuft langsam in einer vorgegebenen Körpergrundhaltung auf das andere Kind zu. Sobald das stehende Kind deutlich „Stopp“ sagt und dazu eine klare Geste macht (z. B. beide Hände gestreckt nach vorn halten), bleibt das Kind sofort stehen.
- Die stehenden Kinder sollen in dem Moment „Stopp“ sagen, wenn sie das Gefühl haben, dass sie einen für sie noch angenehmen Abstand zum Gegenüber haben.
- Beide sollen die Situation einen Moment auf sich wirken lassen (Augenkontakt).
- Danach geht das Kind, das sich bewegte, wieder in seine Ausgangsposition zurück und das nächste Paar ist an der Reihe.

Material:

- eventuell Aktionsanweisungen auf Karten schreiben

Dauer:

15–20 Minuten

Tipps:

- Nur das agierende Paar steht. Der Rest der Klasse sitzt sich auf Stühlen gegenüber.
- Das Spiel kann z. B. bei Regelverstoß immer wieder als „Stopp-Training“ durchgeführt werden.
- Nur bei einem klaren Stopp-Zeichen halten die Schüler an, ansonsten laufen sie weiter.

Plakat: STOPP-Hand als Klassenversprechen

Ziel:

Jeder Schüler verpflichtet sich mit seiner Unterschrift zum Einhalten der Stopp-Vereinbarung: Wenn jemand „Stopp“ sagt, bleibe ich weg.

Vorgehen:

- Das STOPP-Zeichen wird als verbindlicher Vertrag gestaltet.
- Jeder Schüler, der sich an die Vereinbarung halten will, bekommt einen Mosaikstein für die STOPP-Hand, den er gestaltet und unterschreibt.
- Die Mosaiksteine können wie folgt gestaltet werden:
  - mit Papier bekleben (Tonpapier, Zeitung, Wellpappe, Transparentpapier, Goldpapier, Geschenkpapier …)
  - anmalen mit Wachsmalfarben, Buntstiften, Wasserfarben …
  - bekleben mit: Stoff, Wolle, Watte, Fell, Tapete …
  - bedrucken
- Die Klasse sitzt im Stuhlkreis. Bevor jeder Schüler seinen Mosaikstein auf die große Hand klebt, verspricht er, dass er aufhört, wenn jemand „Stopp“ sagt.
- Die STOPP-Hand wird in der Klasse aufgehängt.

Material:

- Kopiervorlage: STOPP-Hand
  auf Karton kopieren, in Teile zerschneiden (die Anzahl der Mosaiksteine richtet sich nach der Anzahl der Schüler einer Klasse)
- verschiedene Gestaltungsmaterialien (s. o.)

Dauer:

20–30 Minuten

Tipps:

- Achtung! Damit die Teile nicht spiegelverkehrt aufgeklebt werden, muss die zu beklebende Seite markiert werden.
- Es ist sinnvoll, sich vorher eine Puzzlevorlage anzulegen, die im Falle von Ratlosigkeit als Lösungsmuster dienen kann.
- Wenn ein Schüler nicht bereit ist, das Versprechen zu geben, darf er seinen Mosaikstein nicht auf die Hand kleben. Die Klasse wird traurig sein, dass die STOPP-Hand nicht vollständig ist.
- Jeder Schüler kann sich eine eigene STOPP-Hand herstellen, die er immer bei sich hat. Diese hilft ihm dabei, „Stopp“ zu sagen (siehe Klasse 1/2).

STOPP-Hand

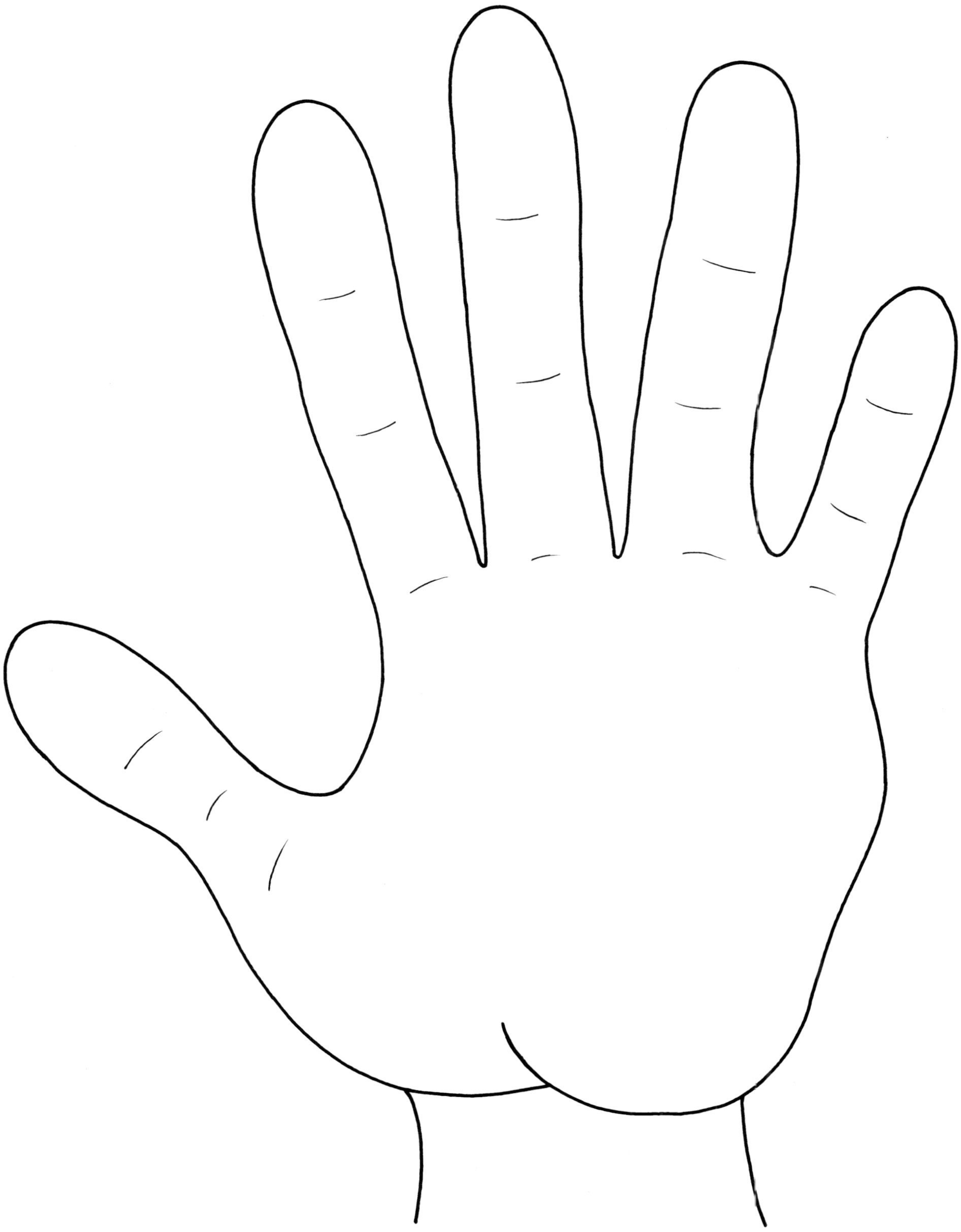

5.4 Miteinander reden

Komm, lass uns drüber reden!

Bausteine:

1. Übung zur Problemlösung: Wer bekommt was?
2. Das Problemgespräch: Konflikte lösen
3. Leporello herstellen
4. Rollenspiele: Ich habe ein Problem ...
5. Unser Klassenvertrag

Gewaltpräventive Ziele:

Grundlegendes Anliegen dieser Einheit ist es, die Schüler zu befähigen, das Problemgespräch als Lösungsstrategie in Konfliktsituationen einzusetzen.

Methodisch-didaktische Überlegungen:

Mit Hilfe des Problemgesprächs wird den Schülern die Verantwortung für die Lösung ihrer Konflikte übertragen. Nur auf diesem Wege ist es möglich, eine für alle Konfliktparteien akzeptable Lösung zu finden.
Für die Umsetzung des Problemgesprächs wird den Schülern ein strukturierter Gesprächsablauf in die Hand gegeben. Dabei sind die einzelnen Schritte des Gesprächs und Formulierungen vorgeschrieben. Diese enge Anleitung begründet sich daraus, dass gerade in emotional aufgebrachten Situationen ein Gespräch zwischen den Konfliktparteien häufig schwierig ist.

- In der Übung „Wer bekommt was?“ wird ein konkreter Konflikt herbeigeführt, der in der Lebenswirklichkeit der Schüler immer wieder auftritt. Spontan versuchen die Schüler ihn selbstständig zu lösen.
- In weiteren Konfliktsituationen wird die Bedeutung des Gesprächs als Lösungsstrategie herausgearbeitet.
- Damit die Schüler selbst ein solches Gespräch führen können, erhalten sie eine genaue Vorgabe für „das Problemgespräch“.
- In vorgegebenen Konfliktsituationen führen die Schüler im Rollenspiel Problemgespräche. Die einzelnen Schritte werden dabei angewandt und trainiert.

Übung zur Problemlösung: Wer bekommt was?

Ziel:
Die Schüler erleben durch diese Übung einen Konflikt, den sie zu lösen versuchen.

Vorgehen:
- Jeweils zwei Kinder setzen sich gegenüber und erhalten eine Serviette, auf der ein Keks liegt. Sie dürfen den Keks noch nicht anfassen.
- Den Kindern wird gesagt, dass der Lehrer ihnen Kekse geben will. Dabei gibt es jedoch ein Problem: Es gibt nur einen Keks für je zwei Kinder.
- Den Kindern wird folgende Regel erklärt: „Den Keks könnt ihr nur bekommen, wenn euer Partner ihn euch gibt. Ihr dürft ihn nicht einfach selbst nehmen."
- Nun können die Paare beginnen.
- Die Kinder können unterschiedlich reagieren. Das Kind, das einen Keks erhält, kann:
  - den Keks sofort aufessen,
  - den Keks nehmen, halbieren und eine Hälfte an das Kind zurückgeben, das ihm den Keks gegeben hat,
  - den Keks nach langwierigen Verhandlungen zurückgeben.
- Sobald sich alle Kinder einigen konnten, erhalten sie überraschend einen zweiten Keks.
- Auch diesen Keks gilt es nach den gleichen Regeln zu verteilen.
- In einer anschließenden Reflexion werden folgende Fragen geklärt: Wie konntet ihr euch einigen? Wie habt ihr das Problem gelöst?
- Den Schülern wird nun folgende Streitsituation vorgelesen:
  „Stellt euch vor, Tom rutscht aus und kann gerade noch sein Gleichgewicht halten. Er rudert mit seinen Armen in der Luft. Dabei schlägt er Jan sein Brötchen aus der Hand. Sofort stürzt sich Jan auf ihn. Sie streiten sich sehr."
- Diese Streitsituation wird von einzelnen Schülern in einem Rollenspiel dargestellt.
- Gemeinsam werden als Reflexion und Hinführung zum Problemgespräch folgende Fragen beantwortet:
  Wie hätte der Streit verhindert werden können? Welche Lösungsmöglichkeiten gibt es? (rufen: „Es tut mir Leid!"; „Es war ein Versehen!"; Reden statt Rangeln) Was können sie jetzt tun? Wie können sie es klären?

Material:
- Für jeden Schüler einen Keks, Servietten

Dauer:
30–45 Minuten

Tipps:
- Es sollten Kekse o. Ä. verwendet werden, die den Schülern ganz besonders gut schmecken.
- In alltäglichen Situationen sollte die ganze Klasse immer wieder gemeinsam nach Lösungen suchen, mit denen alle zufrieden sind.

Das Problemgespräch: Konflikte lösen

Ziel:
Die Schüler werden befähigt, zur Lösung von Konflikten ein Problemgespräch zu führen.

Vorgehen:
- Damit es zur Schlichtung kommen kann und Lösungen gefunden werden können, bedarf es eines Problemgesprächs.
- Die einzelnen Schritte des Gesprächs und die Gesprächsregeln werden den Schülern mit Hilfe von Plakaten an der Tafel demonstriert:
- Die wörtliche Rede zu den Schritten ist als Vorschlag zu betrachten, der entsprechend der Situation abgewandelt werden sollte.
- Abfolge des Gesprächs:
  1. Zeitpunkt vereinbaren:
     „Ich habe ein Problem. Ich möchte mit dir sprechen. Hast du Zeit?“
  2. Gefühlszustand äußern und genau die Verhaltensweise des anderen beschreiben (nicht bewerten!), die dieses Gefühl auslöste:
     „Ich fühle mich sauer, ärgerlich, wütend, traurig, beleidigt ..., wenn du ...“
  3. Kurze Stellungnahme des anderen einholen (keine Rechtfertigung!):
     „Was sagst du dazu?“
  4. Wunsch äußern (es gibt keine Garantie, dass er erfüllt wird!):
     „Ich wünsche mir von dir ... . Ist das in Ordnung für dich?“
     Eventuell kann ein Alternativvorschlag gemacht werden.
  5. Körperkontakt: Hände geben
- Gesprächsregeln:
  - Wenn einer spricht, hört der andere zu.
  - Ich-Botschaften (Ich-Sätze) – statt Vorwürfe – werden verwendet.
- Die Schüler betrachten und erläutern diese. Zwei Schüler spielen das Problemgespräch vor. Anlass ist dafür die gleiche Streitsituation wie im ersten Baustein.
- Die anderen Schüler achten auf die Einhaltung der Gesprächsabfolge und der Gesprächsregeln.

Material:
- Kopiervorlage: Schritte des Problemgesprächs
  einzeln auf bunten DIN A4-Karton kleben, als Plakat gestalten
- Kopiervorlage: Gesprächsregeln (ebenfalls als Plakat gestalten)

Dauer:
20–30 Minuten

Tipps:
- Das Problemgespräch ist in Anlehnung an das „Ich-bin-sauer-Gespräch“ entwickelt worden und kann auch als „Wir-sind-sauer-Gespräch“ geführt werden (vgl. Grundschulmagazin 2/1999, S.14/15).
- Ergänzend oder alternativ zum Problemgespräch kann man mit den Kindern das Prinzip der Streitschlichtung erarbeiten. Dieses bietet den Kindern ebenfalls die Möglichkeit, Konflikte selbstständig zu lösen. Streitschlichterprogramme basieren auf einem Gespräch, das mit Hilfe einer dritten, neutralen Person geführt wird. Dabei ist auch ein enger Gesprächsrahmen mit klaren Regeln und Formulierungen vorgegeben. Eine ausführliche Darstellung findet man zum Beispiel in dem Buch „Das Streitschlichter-Programm“ von Karin Jeffreys-Duden (Weinheim und Basel 1999) oder „Schüler lösen Konflikte“ von Karla Drechsler-Schubkegel (Auer Verlag, Donauwörth, 2001).

Schritte des Problemgesprächs

Das Problemgespräch

„Ich habe
ein Problem.

Ich möchte mit
dir sprechen.

ICH DU

Hast du Zeit?“

„Ich fühle mich …

sauer

ärgerlich

wütend

traurig

beleidigt

…

wenn du ………………………………“

„Was sagst du dazu?"

DU

„Ich wünsche mir von dir …"

„Ist das für dich in Ordnung?"

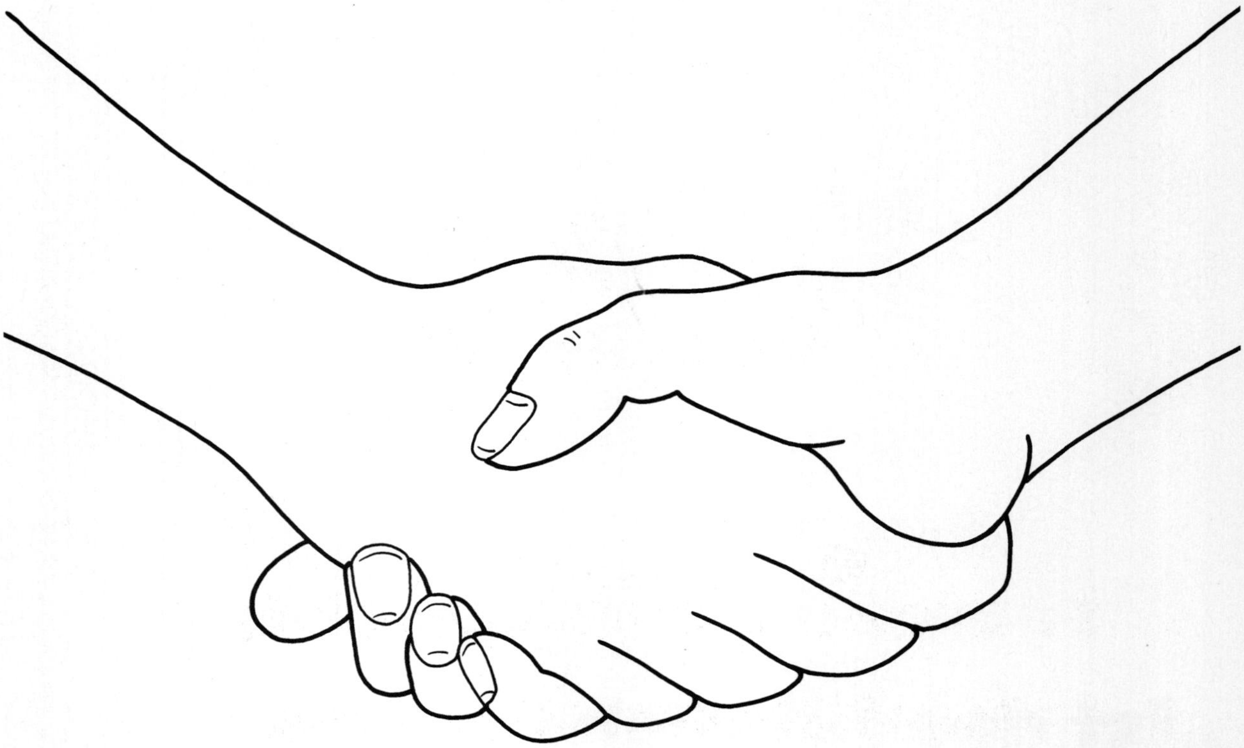

Regeln für das Problem-Gespräch

1. Wenn einer spricht, hört der andere zu.

2. Ich-Sätze
— statt Vorwürfe —
werden verwendet.

Leporello herstellen

Ziel:

Jeder Schüler stellt sich ein eigenes Leporello her, das die einzelnen Schritte des Problemgesprächs aufzeigt.

Vorgehen:

- Jeder Schüler erhält eine Vorlage des Leporellos auf buntem Tonpapier.
- Er schneidet sie aus, klebt sie zusammen und faltet sie zu einem Leporello.

Material:

- Kopiervorlage: Leporello (auf farbiges Papier kopieren)
- Schere, Klebstoff, eventuell Buntstifte

Dauer:

10–15 Minuten

Tipps:

- Das Leporello kann farblich gestaltet werden.
- Die einzelnen Gesprächsschritte sollten von den Schülern auswendig gelernt werden.
- Das Leporello kann um eine Seite erweitert werden, welche die Gesprächsregeln enthält.

Leporello

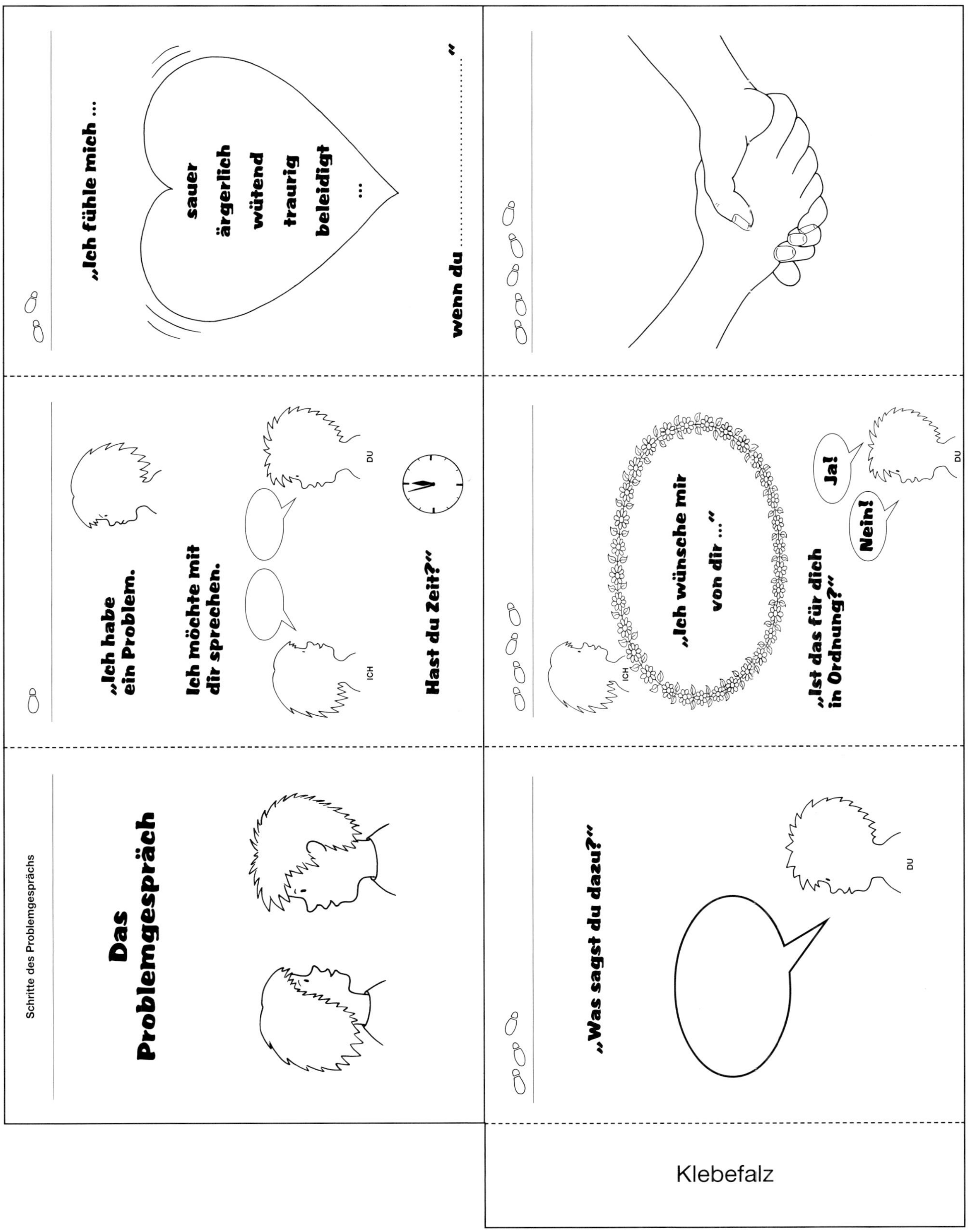
Schritte des Problemgesprächs
Das Problemgespräch
„Ich habe ein Problem.
Ich möchte mit dir sprechen.
Hast du Zeit?“
ICH
DU
„Ich fühle mich ...
sauer
ärgerlich
wütend
traurig
beleidigt
...
wenn du ....“
„Was sagst du dazu?“
DU
ICH
„Ich wünsche mir von dir ...“
„Ist das für dich in Ordnung?“
Ja!
Nein!
DU
Klebefalz

Rollenspiele: Ich habe ein Problem ...

Ziel:

Die Schüler wenden das Problemgespräch im Rollenspiel in verschiedenen Streitsituationen an.

Vorgehen:

- In Partnerarbeit stellen die Schüler jeweils eine Streitsituation im Rollenspiel dar.
- Mit Hilfe ihres Leporellos führen sie ein entsprechendes Problemgespräch durch. Die Schüler achten dabei auf die genaue Einhaltung der Gesprächsschritte und -regeln.
- Gemeinsam kommen sie zu einer Lösung, die für beide Konfliktparteien akzeptabel ist.
- Anschließend werden die Rollen getauscht und der andere beginnt das Problemgespräch.
- Zur Präsentation und Ergebnissicherung spielen einzelne Paare ihre Streitsituationen mit Problemgespräch vor.
- Zum Abschluss werden folgende Fragen geklärt:
  - Habt ihr Lösungen für euren Streit gefunden oder gab es Probleme?
  - Wie habt ihr euch während des Gesprächs gefühlt?
  - Könnt ihr euch vorstellen, das Gespräch in Zukunft zu verwenden? Kann es euch eine Hilfe sein?

Material:

- Kopiervorlage: Streitsituationen zum Rollenspiel
  (auf unterschiedlich farbiges Papier kopieren und einzeln als Karten zerschneiden)

Dauer:

20–30 Minuten

Tipps:

- Die Streitsituationen können vom Lehrer oder den Schülern verteilt werden. Sie sollten jedoch zu den einzelnen Charakteren der Schüler passen.
- In Zukunft sollte der Lehrer (Eltern, Mitschüler usw.) bei Konflikten von Schülern immer wieder auf das Problemgespräch verweisen.

Streitsituationen zum Rollenspiel

Streitsituation 1:

Stell dir vor, ein Kind nimmt dir die Jacke weg.
Als du die Jacke zurückhaben willst,
zieht ihr daran und die Jacke zerreißt.

Beginne das Problemgespräch!

Streitsituation 1:

Stell dir vor, du nimmst einem Kind die Jacke weg.
Als das Kind die Jacke zurückhaben will,
zieht ihr daran und die Jacke zerreißt.

Streitsituation 2:

Stell dir vor, du raufst mit einem Kind aus Spaß.
Zuerst lacht ihr beide, aber dann schreist du auf.
Dein Bein tut weh.

Beginne das Problemgespräch!

Streitsituation 2:

Stell dir vor, du raufst mit einem Kind aus Spaß.
Zuerst lacht ihr beide, aber dann schreit
das andere Kind auf. Das Bein tut weh.

Streitsituationen zum Rollenspiel

Streitsituation 3:

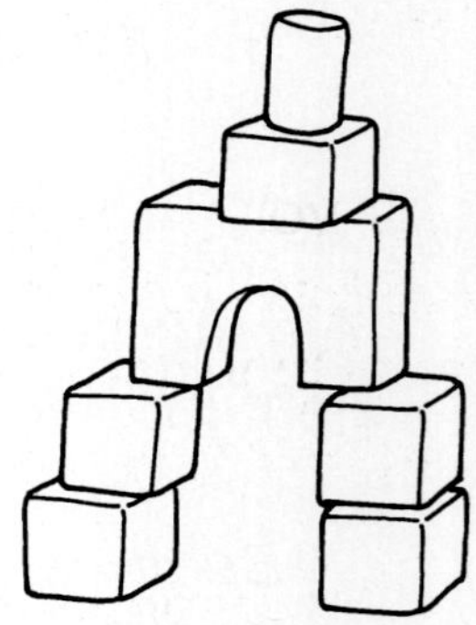

Stell dir vor, du baust mit Bauklötzen einen Turm.
Ein anderes Kind will mitspielen.
Du willst das nicht.
Da macht das andere Kind den Turm kaputt.

Beginne das Problemgespräch!

Streitsituation 3:

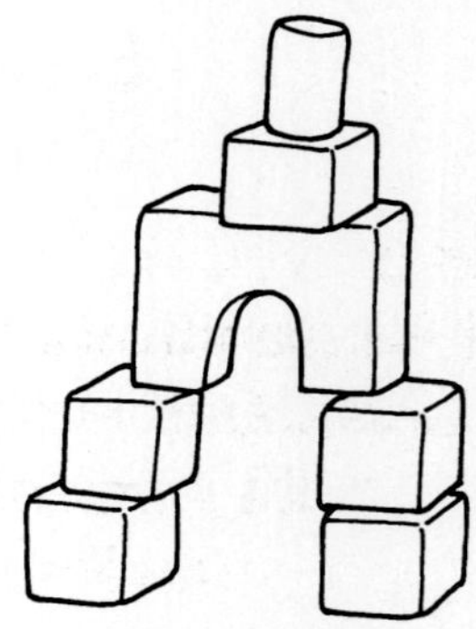

Stell dir vor, ein Kind baut mit Bauklötzen
einen Turm. Du willst mitspielen.
Das andere Kind will das nicht.
Da machst du den Turm kaputt.

Streitsituation 4:

Stell dir vor, du gehst in der Pause
an einem Kind vorbei.
Da hörst du, wie es über dich sagt:
„Da geht ja die doofe Kuh/der Idiot!“

Beginne das Problemgespräch!

Streitsituation 4:

Stell dir vor, in der Pause geht ein Kind
an dir vorbei. Du sagst über das Kind:
„Da geht ja die doofe Kuh/der Idiot!“
Das andere Kind hat das gehört.

Streitsituationen zum Rollenspiel

Streitsituation 5:

Stell dir vor, du hast zwei Pausenbrote. Ein anderes Kind hat Hunger. Es will von dir ein Pausenbrot haben. Du willst aber nicht teilen. Da nimmt dir das andere Kind dein Pausenbrot einfach weg.

Beginne das Problemgespräch!

Streitsituation 5:

Stell dir vor, du hast Hunger. Ein anderes Kind hat zwei Pausenbrote. Du willst von ihm ein Pausenbrot haben. Das andere Kind will aber nicht teilen. Da nimmst du dem anderen Kind das Pausenbrot einfach weg.

Streitsituation 6:

Stell dir vor, du sitzt im Unterricht an deinem Platz. Ein Mitschüler geht an deinem Tisch vorbei und wirft dabei deine Mappe herunter. Du denkst, dass es Absicht war.

Beginne das Problemgespräch!

Streitsituation 6:

Stell dir vor, ein Kind sitzt im Unterricht an seinem Platz. Du gehst an seinem Tisch vorbei und wirfst dabei seine Mappe herunter. Das andere Kind denkt, dass es Absicht war.

Unser Klassenvertrag

Ziel:

Der Klassenvertrag soll bei den Kindern die Verbindlichkeit der Regeln für den Umgang miteinander gewährleisten.

Vorgehen:

- Die Regeln werden mit allen Kindern noch einmal besprochen.
- Sie werden als Satzstreifen auf das große „Stopp"-Plakat geklebt.
- Das passende Symbol wird (möglichst groß kopiert) dazugeklebt.
- Was ist ein Vertrag? Die Ernsthaftigkeit eines Vertrages muss allen Kindern klar sein.
- Alle Kinder, die sich an die Regeln halten wollen, besiegeln diesen Klassenvertrag durch einen Handabdruck rund um das Stopp-Zeichen.

Material:

- Kopiervorlage: Unser Klassenvertrag (mit Satzstreifen und Symbolen)
- Fingerfarben
- Schere/Kleber

Dauer:

25–30 Minuten

Tipps:

- Wenn Sie Kinder in der Klasse haben, die während der Übungen und während der Regelbesprechung immer wieder auffallen, weil sie „quertreiben", die Regeln nicht richtig anwenden oder sich darüber lustig machen, schließen Sie sie vom Vertragsschluss vorläufig aus.
- Ein Vertrag macht nur Sinn, wenn allen seine Bedeutung klar ist. Wenn sich ein Kind nicht an die Regel halten kann oder will, braucht es offensichtlich noch Zeit und Übung. In einem Klassengespräch lässt sich klären, wie man mit diesen Kindern weiter vorgehen will.

Unser Klassenvertrag

Wenn mich jemand ärgert, bleibe ich cool!

Wenn es mir zu viel wird, sage ich „Stopp“!

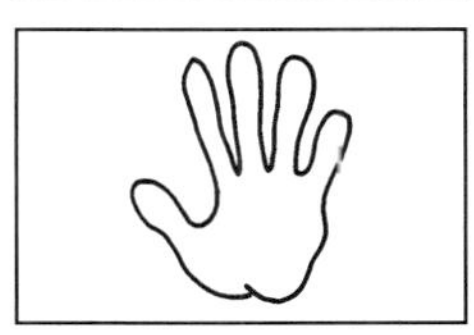

Wenn mich jemand nervt, sage ich es ihm ohne Schimpfwörter!

6 Konsequenzen für den pädagogischen Alltag

Abschließend möchten wir noch die Konsequenzen für den Schulalltag aufzeigen, die notwendig sind, damit sich das Schülerverhalten tatsächlich ändern kann. Mit dem „Abarbeiten" der Bausteine sind die gewaltpräventiven Ziele noch nicht erreicht, die eigentliche Arbeit fängt jetzt erst an.

Folgendes sollte beachtet werden:

- Die im Klassenvertrag „unterschriebenen" Regeln müssen eingehalten und kontrolliert werden. Überlegen Sie sich daher gut, welche Regeln (und wie viele) in diesem Vertrag aufgenommen werden sollen.
- Kinder, die sich an die Regeln gehalten haben, brauchen ein sichtbares Lob! Aus eigener Erfahrung weiß man, wie sehr man sich ärgern kann, „cool" geblieben zu sein und dem Gegenüber nicht ordentlich die Meinung gesagt zu haben. Geben Sie ihren Kindern auf jeden Fall die Möglichkeit, sich über ein erlebtes Unrecht zu beschweren und ihren Unmut im Nachhinein zu artikulieren. Neben dem Lob sollte auch eine Konsequenz für das Kind folgen, dass die Regel gebrochen hat.
- Möglichkeiten des Lobes sind:
  - eine „Ich bin cool"-Liste aufhängen und Belohnungsstempel verteilen,
  - angenehme Tätigkeiten oder Aktivitäten für diese Kinder verstärken und
  - Kinder als Vorbilder herausheben, sie zeigen lassen, in welcher Situation sie sich „bewährt" haben.
- Konsequenzen für falsches Verhalten können sein:
  - ein 15-Minuten-„Stopp"-Training, da das Kind die Regel offensichtlich nicht verstanden hat,
  - das Schreiben eines Entschuldigungsbriefes, in dem das falsche Verhalten entschuldigt und das richtige Verhalten nochmals beschrieben werden kann,
  - das Führen eines persönlichen Schülertagebuches, in dem jeder Tag vom Lehrer und dem Kind gemeinsam reflektiert wird und das falsche/richtige Verhalten durch Symbole eingetragen wird (das erhöht bei schwierigen Kindern die Selbstkontrolle) und
  - die einzelnen Schüler reflektieren ihr Verhalten zum Ende der Schulwoche selbst, ggf. mit dem Vermerken von Symbolen an einer großen, für alle sichtbaren Liste.
- Wiederholen Sie die Regeln in Ihrer Klasse in regelmäßigen Abständen! Lassen Sie die Kinder in Konfliktfällen die Regeln selbst anwenden oder verbalisieren! Erinnern Sie die Kinder stets an die Vereinbarungen!

7 Weiterführende Literaturvorschläge

Faller, K.; Kerntke, W.; Wackmann, M.: Konflikte selber lösen. Verlag an der Ruhr: Mülheim 1996

Kirschner, Gerthild: Die Kinder stark machen. Aggressionsabbau durch Persönlichkeitsaufbau. AOL: Lichtenau …

Korte, J.: Prima Klima! – Gegen Gewalt und Aggression, Auer Verlag: Donauwörth 2001

Prutzman, P.; Stern, L.; Burger, M.L.; Bodenhamer, G.: Das freundliche Klassenzimmer. Gewaltlose Konfliktlösungen im Schulalltag. Verlag Weber, Zucht: Kassel 1996

Walker, J.: Gewaltfreier Umgang mit Konflikten in der Grundschule. Grundlagen und didaktisches Konzept. Cornelsen: Frankfurt am Main 1995

Zehschnetzler, G. u. a.: Praxis der Streitschlichtung, Auer Verlag: Donauwörth 2001

8 Literaturverzeichnis

Bäuerle, S. u. a.: Gewalt in der Schule. Auer-Verlag: Donauwörth 1999.

Dann, H.-D.: Aggressionsprävention im sozialen Kontext der Schule. In: Holtappels, H.G./Heitmeyer, W./Melzer, W./Tillmann, K.-J. (Hrsg.): Forschung über Gewalt an Schulen. Erscheinungsformen und Ursachen, Konzepte und Prävention. Juventa: Weinheim und München: 1999, S. 351–366

Eder, F.: Die Befindlichkeit von Schülerinnen und Schülern als Indikator für Schulqualität. In: Specht, W./Thonhauser, J. (Hrsg.): Schulqualität. Entwicklungen, Befunde, Perspektiven. Studien-Verlag: Innsbruck-Wien 1996, S. 320–343

Forschungsgruppe Schulevaluation: Gewalt als soziales Problem in Schulen. Untersuchungsergebnisse und Präventionsstrategien. Leske+Budrich: Opladen 1998, S. 198 ff.

Holtappels, H.-G.: Schulkultur und Innovation – Ansätze, Trends und Perspektiven der Schulentwicklung. In: Holtappels, H.G. (Hrsg.): Entwicklung von Schulkultur. Ansätze und Wege schulischer Erneuerung. Luchterhand: Neuwied 1995, S. 6–36

Holtappels, H.-G. u. a.: Forschung über Gewalt an Schulen. Erscheinungsformen und Ursachen, Konzepte und Prävention. Juventa: Weinheim und München 1997.

Holtappels, H.-G/Meier, U.: Gewalt an Schulen. Erscheinungsformen von Schülergewalt und Einflüsse des Schulklimas. In: Die Deutsche Schule, Heft 1/1997, S. 50–62

Hurrelmann, K./Mansel, J.: Alltagsstress bei Jugendlichen. Juventa: Weinheim 1991

Nolting, H.-P.: Lernfall Aggression. Wie sie entsteht – wie sie zu vermindern ist. Ein Überblick mit Praxisschwerpunkt Alltag und Erziehung. Rowohlt: Reinbek 2000

Terhardt, E.: Schulkultur. Hintergründe, Formen und Implikationen eines schulpädagogischen Trends. In: Zeitschrift für Pädagogik, Heft 5/1994, S. 685–699

Tillmann, K.-J. u. a.: Schülergewalt als Schulproblem. Verursachende Bedingungen, Erscheinungsformen und pädagogische Handlungsperspektiven. Juventa-Verlag: Weinheim und München 2000, 2. Aufl. S. 297 ff.

Stadt Mannheim: Jungbuschschule-Ganztagesschule. Wir bauen Brücken zwischen den Kulturen. Schriftenreihe des Schulverwaltungsamtes: Schule – aber wie? Band 18, Mannheim 1998

Walker, J.: Gewaltfreier Umgang mit Konflikten in der Grundschule. Grundlagen und didaktisches Konzept. Spiele und Übungen für die Klassen 1–4. Frankfurt/M. 1996, 2. Aufl.